et elles eurent beaucoup d'enfants...

le bec en l'air
ÉDITIONS

4, place des Ormeaux
F – 04100 Manosque
T. +33 (0)4 92 71 06 74
contact@becair.com
www.becair.com

 - ISBN : 2-9521472-5-6

Myriam Blanc

et elles eurent beaucoup d'enfants...

Histoire d'une famille homoparentale

récit

À ma douce, à nos filles

Il était une fois deux jeunes femmes de vingt et vingt et un ans, pas très différentes des autres jeunes femmes de leur âge, ni plus moches, ni plus bêtes, ni plus coincées. Elles se rencontrèrent, elles s'aimèrent, elles ne se marièrent pas, car elles n'en avaient pas le droit, et quelques années plus tard, elles eurent néanmoins beaucoup d'enfants...

Voici donc l'histoire d'une famille, la nôtre. Elle ressemble à toutes les familles, à ce détail près qu'elle compte deux mères et pas de père.

Photo de famille

J'ai commencé ce livre il y a environ deux ans, juste avant la naissance d'Assia, la plus jeune de nos filles. Je l'ai terminé le jour où la femme de ma vie s'en allait pour la première fois en Belgique concevoir notre troisième enfant. C'est de bon augure. Entre ces deux dates, j'ai écrit lorsque je le pouvais, de manière irrégulière. Certains passages sont récents, d'autres beaucoup moins, et l'ordre temporel des événements n'est pas toujours respecté. Résultat, nos filles grandissent et rajeunissent au gré des chapitres... Je gage pourtant, sagaces lecteurs, que le premier moment de surprise passé, vous vous y retrouverez sans peine. Voyez ces pages comme un journal qui prendrait des libertés avec la chronologie...

Pour vous aider, voici une photo de famille prise à l'instant T. Par ordre de taille : Assia, 83 centimètres, deux ans, blonde aux yeux bruns avec un sourire craquant ; Augustine, 97 centimètres, trois ans et demi, brune aux yeux verts avec un sourire craquant ; Astrid, 1,68 m, trente-sept ans, brune aux yeux bruns avec un sourire craquant ; Myriam, 1,73 m, trente-huit ans, brune foncée aux yeux brun foncé avec un sourire que sa femme trouve craquant.

Par mesure de visibilité (voir à ce chapitre), les prénoms n'ont pas été changés.

Par mesure de tranquillité, je tairai le nom du petit village où nous habitons, dans le sud de la France. Comme de plus je ne rédige pas un guide touristique, je m'abstiendrai de citer le nom des maternités où nos enfants ont vu le jour et celui de l'hôpital où elles ont été conçues. Disons simplement qu'Assia est née en banlieue lyonnaise, Augustine en banlieue parisienne et que toutes deux ont été conçues à Bruxelles. Les lecteurs qui s'intéressent aux lieux de conception et de naissance alternatifs reconnaîtront ceux dont il s'agit ici.

Par mesure de discrétion, les prénoms des autres protagonistes, lorsqu'ils figurent, ont été modifiés, cela va de soi.

La totalité de ce que je raconte dans ces pages n'est pas spécifiquement liée à notre situation particulière de goudoues mères de famille, tant il n'est pas toujours évident de séparer le bon grain de l'ivraie !

Après avoir lu la quatrième de couverture, vous vous demandez peut-être pourquoi je jette ainsi notre intimité familiale en pâture à votre curiosité. Question intimité, vous allez être déçus, je le crains. Mon livre est scandaleusement dépourvu de détails croustillants, et, par exemple, vous n'apprendrez rien sur la manière dont on fait l'amour entre filles. Juste comment on fait des bébés... De plus, si tous les faits qui figurent dans ces pages sont véridiques, je ne vous dis pas tout, loin s'en faut.

Très bien, mais ces précisions ne vous disent pas pourquoi je fais ainsi étalage de notre vie. Eh bien, d'abord parce que cela me fait plaisir, parce que je trouve belle notre histoire, que j'en suis fière dans une certaine mesure, que j'ai envie de la faire partager. Comme un peu de pédagogie ne nuit pas, ce livre se veut aussi une sorte de manuel de l'homoparentalité heureuse, à destination tout particulièrement de nos amis les hétéros. J'ose espérer qu'ils y trouveront les réponses à toutes les questions qu'ils se posent, et même à celles qu'ils ne se posent pas... Sans ériger pour autant notre famille en modèle, je souhaite enfin que ce récit soit pour tous les homos, femmes et hommes, un encouragement à vivre leur vie de parents au grand jour et sans complexes. Montrons-nous, et montrons-nous heureux, montrons nos enfants épanouis, nous le leur devons bien ! Il n'est pas loin le jour où nous cesserons de faire peur pour intégrer, enfin de plein droit, le grand concert des familles.

Goudoue et autres noms d'oiseaux

Je voulais appeler ce livre *Comment l'enfant vient aux goudoues*. Force m'est de constater que j'étais la seule à en goûter la subtile autodérision... Goudoue, à part moi, personne ne trouve ça drôle. Mais alors pas du tout. Face à la réprobation quasi unanime de mes premiers lecteurs, j'ai dû battre en retraite. Parmi tous les noms d'oiseaux dont on nous habille, nous les homos de sexe féminin, lequel choisir alors ? Je ne me résous pas à lesbienne ou, pire, homosexuelle, qui sentent le cabinet médical et les revues savantes. Je ne m'étends pas sur les affreux gouine et gouinasse, le charmant mais par trop démodé gougnotte, le botanique gousse. À tout prendre, je préfère goudoue, qui a le mérite de la douceur (goûtdoux ?) et d'une petite, toute petite provoc, comme « pédé » pour les hommes, dans la catégorie « je me les sers moi-même avec assez de verve ». Goudoue je suis, donc. J'ai cédé pour le titre, mais ne vous croyez pas quittes pour le reste du livre !

À la Belgique, la goudoue reconnaissante

Les Belges sont connus en France pour leurs frites, leurs bières, leurs « chanteurs français » et les blagues douteuses dont ils font l'objet, moins pour leurs bébés. C'est regrettable, car ils en produisent de fort beaux si l'on en croit nos deux filles et quelques autres exemples forcément moins parfaits cependant. Osons le mot, la Belgique est la providence de la goudoue française. À une heure et des bananes de Paris en train, voilà un petit pays, francophone de surcroît, où l'on a les idées singulièrement plus larges que chez nous, un pays qui permet depuis peu le mariage des homos et ouvre depuis longtemps la procréation médicalement assistée aux lesbiennes, même étrangères. Les Françaises s'y ruent, c'est fatal, et notre ringard Hexagone se peuple lentement mais sûrement de beaux bébés belges. On ne saurait donc assez remercier les Belges. Je leur voue quant à moi, et ma chérie itou, une profonde, sincère et indéfectible reconnaissance, à laquelle s'ajoute une tendresse infinie pour leur accent délicieux.

« Vous, c'est pas pareil ! »

C'est fou ce que la famille homo suscite de réactions... Il faut s'y faire, notre vie privée est une sphère publique. Chers hétéros, profitez de votre chance de pouvoir faire des enfants sans que la Terre entière vous donne son avis, son aval, vous fasse part de son soutien, de son admiration, de sa réprobation, de son indignation ! Le tout silencieusement ou non. Il y a de bonnes et de mauvaises surprises : tels cathos coincés qui révèlent une surprenante ouverture d'esprit ; tels électeurs de gauche tolérants, mais pas trop... Une certitude, la question transcende les appartenances politiques ou religieuses.

Il y a ceux qui trouvent ça franchement dégueulasse ces goudoues et ces pédés qui font ou élèvent des enfants. Les exemples abondent dans les journaux et ailleurs, je vous en fais grâce. Nous avons la chance de ne pas en connaître. Ou alors ils n'ont pas osé nous le dire.

Il y a ceux qui pensent que, quand même ! Catégorie assez proche de la précédente, sans doute mieux élevée. Comme cette dame très comme il faut à qui Astrid annonçait sa grossesse, et donc notre deuxième enfant, et qui répliqua : « N'en faites pas trop quand même, pensez à eux ! » Cet agréable conseil venant d'une mère de famille très nombreuse, grand-mère de famille très nombreuse, on est en droit de penser que c'est l'hôpital qui se moque de la charité. Faut-il comprendre qu'il y a deux poids deux mesures ? Ou qu'elle aurait préféré, elle, vivre à la génération pilule et ne « pas trop en faire », justement ? Avec ça gentille tout plein et offrant de très jolies grenouillères !

Il y a ceux qui sont contre les enfants chez les homos en général, mais pour nous c'est différent ! Il est de nos amis, hélas, qui entrent dans cette catégorie. Vexons-les carrément en les comparant à certains fachos qui s'affichent racistes sans complexes, mais épargnent leur copain Mouloud parce que « lui, c'est pas pareil ». Attitude d'autant plus détestable, qu'elle prétend, au fond, nous faire avaler la pilule – et avec plaisir encore ! – en nous flattant le col : « Vous, vous valez mieux que ça ! »

Il y a ceux qui font comme s'ils n'avaient rien vu. Effet comique assuré. Cette position n'est tenable que pour des quasi-étrangers ou des membres de la famille qu'on ne voit qu'à la saint-glinglin. Par exemple : au marché, nous tombons sur une connaissance que nous n'avons pas croisée depuis longtemps. Elle expédie vite fait quelques questions sur la maison que nous venons d'acheter en contournant l'énorme ventre d'Astrid, qui accouche dans deux semaines. On l'a revue depuis, toujours au marché, lieu de tous les dangers. Elle fait deux ou trois gougous gagas à nos filles et file sans demander son reste, au cas, probable, où quelqu'un l'apercevrait en notre infamante compagnie. Curieusement, ces cas de cécité sélective abondent. En particulier dans une certaine parenté élargie : oncles, tantes, cousins, qui peuvent difficilement jeter l'anathème, mais ne voudraient pas que l'on puisse penser qu'ils approuvent. La palme : le tonton pédiatre-amoureux-fou-des-enfants qui tient une longue conversation avec Astrid sans daigner accorder un regard au nouveau-né qu'elle tient dans les bras et qu'il voit (ou plutôt ne voit pas) pour la première fois. Vraiment, on s'amuse tous les jours chez les homoparents !

Il y a ceux qui pensent qu'un enfant est un enfant, qu'il mérite attention en tant que tel et qu'il n'est pas responsable de ses parents. Sur le mode bienveillant, on n'est pas très loin de la catégorie précédente et de ses enfants tombés du ciel. Cela dit, nos charmantes filles attirent les câlins et les mots gentils, c'est bien l'essentiel.

Il y a ceux qui ne se demandent même pas ce qu'ils pensent de l'homoparentalité et pour qui nous sommes simplement des parents. Pour eux le mot « parent » s'accorde au féminin. Ce qui donne souvent : « Vos parents sont folles mes pauvres poupées ! » La plupart de nos amis nous font ce plaisir de considérer notre vie sexuelle et familiale comme non moins naturelle que la leur.

Et puis il y a ceux qui regardent la réalité en face sans livrer leurs états d'âme. Nous sommes deux femmes avec deux enfants. Point. Une attitude qui est globalement le fait des personnels médicaux au sens large : infirmières, gynécologues et secrétaires de l'hôpital en Belgique, pédiatres, médecins divers, sages-femmes, aides-soignantes... Mais aussi des puéricultrices de la crèche ou de l'instit de maternelle... Cette neutralité n'exclut pas la bienveillance.

C'est votre sœur ?

La question des grands naïfs (il y en a plus qu'on ne croit) et des petits curieux pas très fins qui veulent en avoir le cœur net. Notre réponse a toujours été très claire : « Non, ce n'est pas ma soeur, c'est mon amie. » Certes, la différence sémantique est ténue entre « une amie » et « mon amie »... « Ma compagne » aurait le mérite de lever toute ambiguïté. Mais non, vraiment, « compagne », je n'y arrive pas. Cela vous a un côté ringard, coincé, presque vieille fille. Je devrais dire « C'est ma femme », mais je crains que ce ne soit pas l'idéal pour nous mettre au mieux avec les mémés du coin.

Mon amie, c'est bien. La nuance est subtile, comprend qui veut. Je n'impose rien. À l'occasion, lorsqu'on ne souhaite pas étaler sa vie, le mot a le mérite de ne pas faire entendre le féminin. « Mon amie n'a pas pu venir » est quelque chose que l'on peut dire sans mentir au guichet de la préfecture pour ne pas troubler les débats. C'est à la préfecture en effet (ou aux impôts ou à la Sécu) que l'on évalue bien le bon petit bout de chemin qui reste à parcourir en France avant que l'affirmation tranquille d'un mode de vie différent cesse de passer pour de l'exhibition intempestive, qui vient troubler le débat, justement. Si je dis « Ma compagne n'a pas pu venir », la dame ou le monsieur de la préfecture me répondra : « Vous vivez bien comme vous voulez ! », occultant l'information qui l'intéresse au premier chef, à savoir qu'elle n'a pas pu venir ! Ce n'est pas pure invention, je l'ai constaté plus d'une fois. Le ton, en général, est un rien pincé histoire de masquer la gêne. L'information, ici annexe, de ma sexualité « hors normes » suscite presque immanquablement cette autorisation à vivre comme je l'entends. Que c'est gentil ! Mais là n'est pas mon but lorsque je viens à la préfecture, voyez. C'est pourquoi je préfère attaquer par « Mon amie n'a pas pu venir », plus doux aux oreilles pures, pour placer ensuite le féminin tout en souplesse. Une fois de plus, comprend qui veut. Et l'idée qu'il existe des couples, des familles, pas comme les autres fait son chemin, tranquillement.

Amusant, la question pour une fois renversée de la photographe de la maternité pour la naissance d'Assia : « C'est votre amie ? » Devant l'hésitation d'Astrid, surprise par la tournure peu commune de l'interrogation – c'était bien la première fois que ça nous arrivait –, la Gisèle Freund des pouponnières s'est bien vite ravisée : « Euh, c'est votre sœur ? »

Au village

« Et vous n'avez pas peur d'aller vivre en province ? » Combien de fois l'a-t-on entendue cette ritournelle avant de quitter Paris ! Glissons sur le mot « province », à lui seul propre à terrifier n'importe quel Parisien normalement constitué, a fortiori s'il est homo... « Peur, mais pourquoi ? – Ben, je sais pas moi, deux femmes avec un bébé, dans un petit village... » J'ai toujours professé, sans doute parce que j'ai grandi au vert, que les gens de la campagne n'étaient ni plus bêtes, ni plus bornés, ni plus méchants que ceux des villes. J'avais raison. Ils sont un peu étonnés, mais c'est bien normal au fond : ce n'est pas tous les jours qu'on voit débarquer dans une petite commune rurale deux filles avec un enfant, un ventre de sept mois de grossesse et pas l'ombre d'un mari. Les réactions vont de l'indifférence à la gentillesse. La mamie voisine fait des chaussons pour le bébé à venir (après avoir demandé si nous étions sœurs, comme quoi ce n'est pas rédhibitoire). La dame d'à côté prend régulièrement des nouvelles de la grossesse d'Astrid. Inévitable curiosité lorsqu'on se promène. Quand on explique où on habite, on récolte en général un : « Ah, c'est vous ! » Notre réputation, comme le ventre d'Astrid, nous précède. On n'a encore vu personne prendre la fuite lorsqu'on dit que, oui, c'est nous.

Visibles

Un mot bien vilain, en vogue dans notre association de parents gays, l'APGL, pour dire qu'on assume notre sexualité et notre vie à la face du monde. On a toujours été claires, tout en restant discrètes cependant. Pas le genre à nous exhiber. On a bien trop peur de se faire agresser. Parce que, mine de rien, dans notre grand pays démocratique, tolérant et ouvert, patrie des Droits de l'homme et tout et tout, les pédés et les gouines, c'est mieux quand on ne les voit pas trop. Impossible de marcher en se tenant la main, même à Paris, sans récolter au mieux une remarque, pas forcément agressive certes, mais une remarque, dans les dix minutes qui suivent. Essayez avec un ou une ami(e), selon votre sexe, si vous n'y croyez pas ! Et quand les esprits virils sont bien chauffés – c'est triste à dire, mais les insulteurs sont presque toujours des hommes –, ça part tout seul, pas besoin d'une manifestation ostensible de déviance. C'est ainsi qu'on s'est fait sans aménité traiter de gouinasses à plusieurs reprises le jour de l'Europride de 1997. On doit avoir la tête de l'emploi, car le défilé était fini et de notre goudouïtude, nous ne montrions aucun signe extérieur. Paris croulait sous les homos, notez. « Seuil de tolérance » dépassé ? Les dernières insultes, qui émanaient d'un groupe de Blacks antillais, ont fait particulièrement mal aux antiracistes convaincues que nous sommes... Ici, les insulteurs sont plus rares. Non que la campagne n'abrite aucun abruti, ça se saurait, mais dans un village, on se recroise forcément un jour ou l'autre, voire tous les jours... L'insulte demande alors un certain courage, qualité dont les homophobes, et les racistes en général, ne sont pas des mieux pourvus. Et pourtant, même ici on évite de se tenir la main. À force on apprend à faire profil bas, à ne pas s'embrasser en public, à ne pas s'enlacer, à se lâcher la main dès qu'un passant approche. Pas seulement par crainte des mots désagréables et des regards lourds, mais aussi parce que, hélas, nous sommes trop bien élevées pour exposer/imposer « notre différence ». Nous sommes nos premiers censeurs, nous n'oublions jamais que nous ne sommes pas comme les autres, qu'on ne nous accepte qu'à la condition que nous restions discrètes.

Néanmoins, tout exhibitionnisme à part, au village nous avons tout de suite mis les points sur les *i*, sans excès, mais fermement : « Non ce n'est pas ma sœur, c'est mon amie. » « Mon amie, elle... » « Nos filles... » Si nous voulons que nos princesses soient bien dans leurs godasses d'enfants de goudoues, le moins que nous puissions faire pour elles, c'est de montrer que nous n'avons pas honte de ce que nous sommes, ni de notre famille. D'être visibles enfin.

Visibles, et pourtant voilà qu'on est venu me chercher pour me faire présidente d'une association familiale du village. Il est possible que mon élection ait fait grincer quelques dentiers, mais le bruit n'est pas remonté jusqu'à moi... J'ai toujours pensé que, malgré les apparences, la tolérance est une vertu assez largement partagée. J'avais donc raison. Plus exactement, j'ai toujours soutenu que les gens sont moins bêtes qu'ils ne le pensent eux-mêmes. Si on leur demande par sondage s'ils approuvent le fait que les homosexuels aient des enfants, ils répondront « ah ! non, beurk, pauvres gosses », etc. Mais leurs voisines, c'est pas pareil, elles ce sont des gens bien, d'ailleurs leurs filles sont adorables et épanouies comme tout. Si nous homoparents restons des fantasmes, nous suscitons peur ou dégoût. C'est en nous montrant que nous désamorçons la bombe. Au quotidien, nous n'avons plus rien de monstrueux.

Sauf pour quelques irréductibles coincés du trou de balle. Mais c'est tellement drôle de les voir assis sur leur manche à balai que la vie serait presque triste sans eux.

On se sent tellement des parents comme les autres qu'on en oublie parfois qu'on est différentes. Je parle de « ma fille » à la bouchère du marché, une fois par semaine, qui en est comme deux ronds de flans parce que si je suis bien accompagnée d'un ravissant nourrisson, elle ne se souvient pas, elle en est sûre, elle n'est pas folle quand même, de m'avoir vue enceinte. Je me suis amusée un moment avant de me décider à lui fournir une explication. Pour finir je n'en ai pas eu besoin, c'est une bouchère perspicace. Elle a compris toute seule après qu'Astrid est un jour allée faire le marché avec Assia pendant que je restais au chaud à la maison. Curieuse, elle avait observé de près les chèques que je lui laissais et constaté qu'ils portaient nos deux noms précédés de la mention mesdames. « J'aime savoir à qui j'ai affaire », nous a-t-elle dit. L'information est passée en douceur. Maintenant elle m'interroge pour savoir si je suis Astrid ou Myriam. Comme beaucoup de gens. Il est plus facile de se souvenir qui est qui quand l'un des deux membres du couple est un grand à moustaches, ou un nabot imberbe, un homme quoi.

Malgré cette petite mais néanmoins voyante différence, nos préoccupations sont les mêmes que celles des autres parents, enfin ceux qui ne sont pas trop bornés : voir nos enfants rire, jouer, apprivoiser leur corps, leur cerveau, apprendre, vivre avec les autres, les respecter et se respecter et puis rire et jouer encore. Comme presque tout le monde. En tout cas dans ce domaine-là, si spécificité il y a, elle est étrangère à notre statut sexuel.

C'EST PAS VOTRE FILLE ?

« Assia, c'est pas votre fille ? » m'a-t-on demandé quelquefois. Si, Assia est ma fille, ma fille de cœur. Mais ce n'est pas moi qui l'ai portée, si c'est ce que vous voulez dire. Bafouillement un peu gêné de l'interlocutrice (curieux, seules des femmes m'ont jusqu'ici interrogée), qui sait pertinemment qu'elle ne m'a jamais vue enceinte. Pourquoi cette question, alors ? D'autant qu'elle émane de personnes qui me connaissent assez pour oser me la poser et n'attendent en réalité qu'une confirmation. Je m'interroge. Étonnement que je m'occupe avec autant d'amour et de constance d'une enfant qui « n'est pas la mienne » ? De fait, c'est moi qui assure la partie visible de l'iceberg, moi que l'on voit le plus souvent avec les filles parce que je les prends en charge tous les après-midi (le matin, c'est nounou pour l'une, école pour l'autre), qu'on a toujours un pied en l'air, et une poussette multicolore qui se repère de loin. Envie de remettre la biologie à sa place, parce que tout de même, les liens du sang ? Je suppose que l'on pose la même question au couple, blanc et hétéro, que j'ai vu ce matin avec deux minots café-au-lait. Peut-être aussi que notre « particularisme » est plus facile à accepter ainsi : on a chacune notre gosse et on ne constitue donc pas véritablement une famille. Chaque enfant à sa place, et les valeurs familiales seront bien gardées ?

Cette attitude – cette tentation ? –, je crois la retrouver aussi chez mes parents, très très atténuée, certes, mais malgré tout présente. Ils considèrent Assia sans conteste comme leur petite-fille à part entière, ils la présentent à tous comme leur cinquième petit-enfant, ils sont fiers de ce beau bébé rigolard, mais l'enfant que j'ai porté, moi, leur fille, c'est un peu différent. Pas de préférence cependant, je ne leur ferai pas l'affront de le penser, ni de favoritisme, encore moins. Alors, quoi ? Le poids de la généalogie, ce fameux nez du père, du grand-père et de l'arrière-grand-père qui se transmet de génération en génération et qu'à l'évidence Assia ne possède pas ? Ou alors, plus probablement, cela n'aurait rien à voir avec notre homosexualité ? Pour une grand-mère, c'est peut-être toujours différent quand c'est l'enfant de sa fille et pas celui de sa belle-fille ? Question sans réponse.

« Assia, c'est pas votre fille ? » Elle était toute petite notre bébé, un mois peut-être, lorsqu'on me posait cette question au village. Maintenant tout le monde sait que c'est ma fille d'amour. Et moi il m'arrive d'oublier qu'elle ne sort pas de mon ventre. Et de comparer avec une mère de rencontre, dans la salle d'attente du pédiatre, la chevelure de ma fille cadette (chauve à six mois) et celle de ma fille aînée (hirsute au même âge) en trouvant bizarre bizarre cette différence. Ah ! les lois de la génétique, allez comprendre ma pauvre dame ! Et la dame d'opiner vivement du chef. Preuve que notre statut familial n'est pas écrit sur notre figure ! J'attends qu'on me dise qu'Assia me ressemble. Ça viendra. Les gens qui ne nous connaissent pas lui trouvent déjà un indéniable air de famille avec sa sœur. C'est à Astrid qu'on a fait remarquer la première qu'elle ne pouvait pas renier Augustine, qu'elles avaient tout à fait le même sourire ! Et mon Astrid, béate, de boire du petit-lait : encore, encore !

Qui fait l'homme ?

La grande interrogation des hétéros à propos des histoires d'amour lesbien. Corollaire : qui fait la femme dans les histoires de pédés ? (Mais là, socialement, c'est plus grave. Parce que faire la femme, même en Europe, même au XXIe siècle, c'est déroger, tandis qu'à faire l'homme, quelque part, on prend du galon...) Qui pourra croire qu'il n'y a vraiment pas d'homme dans les histoires d'amour entre filles, dans notre histoire d'amour (sauf le petit garçon qui nous naîtra peut-être) ? En ce moment, fatal, c'est moi qui fait l'homme puisque c'est Astrid qui est enceinte... Il paraît d'ailleurs évident à beaucoup que puisqu'elle est enceinte, c'est elle aussi qui a porté Augustine, que nous avons eue avant de nous installer ici. Lorsque nous sommes en balade loin des lieux où l'on nous connaît, on nous gratifie régulièrement d'un « Bonjour messieur-dame », mais mal assuré, avec un doute dans la voix et le regard : on serait vraiment une famille idéale – madame enceinte jusqu'aux oreilles, monsieur portant la ravissante petite fille tout en couvant d'un regard attendri le ballon de son épouse – si seulement j'avais un peu moins l'air d'une femme. Je ferais presque tapette comme mec, tiens.

Et ces deux dames dans le magasin de tissus qui sont allées jusqu'à nier l'évidence tellement elles ont senti le couple en nous en une fraction de seconde : Augustine jouait avec une enfant qui semblait être la fille de l'une et la petite-fille de l'autre. Jamais très loin de ma poupette, qui n'a somme toute que dix-huit mois, je m'approche. Papotis habituels de jeunes mères : Et quel âge elle a ? Et elle est grande pour son âge. Et quels beaux yeux ! Astrid et son ventre me hèlent du fond du magasin pour me demander mon avis sur le choix des rideaux pour la chambre du bébé. Je m'éloigne et je biche en entendant la grand-mère dire à sa fille, avec cependant un soupçon d'interrogation dans la voix : « Mais non, tu vois bien que c'est le père ! » Je ne suis pas une accro du rouge à lèvres, sinon je m'en serais volontiers remis une couche !

D'habitude, je tiens à le signaler, c'est Astrid qui fait l'homme : c'est elle qui est ébéniste, elle qui bricole dans la maison, elle qui fait les comptes, elle qui a un langage de charretier (encore qu'elle se soit acheté une conduite depuis qu'on est mères de famille), elle qui arrive à ouvrir les bocaux de cornichons récalcitrants et qui ne fait jamais le lit. Ah ! c'est aussi elle qui aime les talons hauts et les minijupes, et la seule de cette maison qui sache coudre ! Mais pourquoi faudrait-il à tout prix un homme dans cette affaire ?

Un ami, père de famille, nous a fait récemment remarquer que, somme toute, nous pratiquions Astrid et moi un partage des tâches assez traditionnel vis-à-vis de nos filles, ma chérie assumant peu ou prou le rôle du père. Pour le moment, c'est assez vrai. Quoique... Je ne sais pas ce qu'il entendait exactement par là. Il est vrai que, pour l'essentiel, c'est Astrid qui fait vivre la famille. Elle travaille plus que moi, qui peine le plus souvent à trouver de l'ouvrage depuis que nous avons quitté Paris. Donc je m'occupe plus des filles dans la journée. Je fais les courses, le marché le vendredi. De ce fait, je m'intéresse peut-être de plus près aux repas. Mais ce n'est pas sûr. On partage toujours le ménage. Je conduis la voiture chez le garagiste. En général. On se relaie pour harceler le plombier, qui est pire que le Monsieur Boullu de Tintin. Astrid se lève le matin avec les petites. Pendant que je tire ma flemme sous la couette, elle les habille. En ce qui concerne Assia, ce n'est pas une partie de plaisir à l'heure qu'il est, car elle a décrété que rester immobile pendant qu'on lui enfile ses vêtements ou qu'on lui change sa couche est une entrave insupportable à sa liberté individuelle ! Personnellement, j'ai du mal à rester zen, surtout au réveil. C'est également Astrid qui, tous les soirs, donne le bain à ces demoiselles pendant que je respire un peu. Lorsque la charge de travail change, lorsque je suis débordée au niveau professionnel, les rôles s'inversent. Astrid enfile son tablier de mère au foyer parfaite pendant que je gagne l'argent du ménage. Quand on est charrette toutes les deux, on improvise, on travaille le soir, on ne dort pas assez.

Au total, chacune de nous assume sa part de corvées et de plaisir. Je ne suis pas sûre qu'on puisse en dire autant de tous les couples « normaux ». Je ne parle pas de l'ami en question, qui est un père très investi. Singulièrement maternel pourrait-on dire. Au point que son fils l'a un temps appelé maman. Mais là encore, c'est rentrer dans le bon vieux schéma « papa fume et maman coud », ainsi que je l'ai appris à l'école, dans mes pages d'écriture du cours préparatoire. Un père investi est forcément « maternel » ; une mère qui travaille porte la culotte. Il n'y a pas loin d'investi à inverti ; quant à la culotte, elle n'évoque pas d'affriolantes dentelles... Astrid porte fort bien la dentelle, si vous voulez tout savoir. Et certaines mères de famille laissent entendre qu'elles aimeraient bien que leur mec s'occupe autant des enfants que ma douce. Mais que nous, forcément, « c'est pas pareil ». Rien à faire, on est deux filles. Alors non, je crois que notre partage des tâches n'est pas traditionnel. Et que notre ami maternel, lui non plus n'est pas traditionnel. Il n'en est pas moins homme, tout ce qu'il y a d'hétérosexuel. Nous n'en sommes pas moins femmes, tout ce qu'il y a d'homosexuelles...

Suis-je vraiment une femme ?

Question corollaire de « qui fait l'homme ? », mais plus intérieure, disons, comme un doute qui a dû en tarauder plus d'une. Fatalement, quand on est goudoue, on se pose des questions sur sa féminité. Enfin, je m'en suis posé, je ne veux pas généraliser. (Astrid en effet me prie de ne pas généraliser : aussi loin qu'elle s'en souvienne, cette interrogation ne l'a jamais effleurée.) Réflexion faite (ça m'a quand même pris quelques années...), il est curieux de penser qu'on serait moins femme sous prétexte qu'on en aime une, que l'on fait l'amour avec, que l'on partage sa vie. Ne serait-ce pas plutôt l'inverse ? Le lesbianisme comme féminité suprême ?

La question restera en suspens. Elle a cessé d'avoir de l'importance pour moi. Je ne me la pose plus. Depuis que j'ai fait Augustine, que je l'ai portée dans mon utérus de femme, que je l'ai nourrie avec mes seins de femme, moins que jamais je ne me reconnais dans l'image d'Épinal de la lesbienne camionneuse ou motarde. Les camions m'indiffèrent et les motos me font peur, mais il est arrivé que l'on m'appelle monsieur : toute femme que je suis, je préfère le jean à la robe fourreau, et les canons de la féminité sont ce qu'ils sont. La robe fourreau, il faut bien en convenir, va fort mal à mes poignées d'amour. En suis-je moins féminine que la moyenne de mes copines hétéros ? Je ne le pense pas.

C'est d'ailleurs toujours en la présence d'Astrid que l'on se méprend sur mon sexe. Car dans les représentations sociales, un couple, ce que nous sommes avec une telle évidence, égale un homme et une femme. Quelquefois, c'est Astrid qui fait les frais du « monsieur », puisqu'il en faut un ! C'est moins courant, la faute à ma carrure de nageuse (pas est-allemande non plus, n'exagérons rien). Chose un rien agaçante, cela n'empêche pas ma chérie d'être, beaucoup, plus costaude que moi... Grâce à ses biceps d'ébéniste et à mes épaules de déménageuse, on s'est même fait traiter de pédés un jour, ce qui, avouez, ne manque pas de sel. Cette amusante anecdote est également arrivée à deux anciennes collègues de boulot, hétéros et mères de famille, qui avaient le tort d'avoir les cheveux un peu courts... De même, ma belle-sœur sur le point d'accoucher s'est-elle vu donner du monsieur. Sauf à porter mini-jupe, talons hauts et choucroute permanentée, personne n'est à l'abri – attention cependant à ne pas abuser côté maquillage ou bas résilles, au risque de faire travelo !

Me voilà donc totalement rassurée quant à ma féminité, à l'aise dans les robes qu'il m'arrive de porter comme dans les pantalons plus ou moins usagés dont je me vêts d'ordinaire. Je confesse me désintéresser assez des fringues. J'aurais dû naître allemande – sauf que les Birkenstock, non vraiment, c'est au-dessus de mes forces. Désormais je m'amuse à brouiller les pistes. Parfaite mère au foyer un jour : enfants, ménage, courses, repassage, poussette, anniversaires chez les petits copains des filles... As de la débroussailleuse et de la maçonnerie le lendemain, devant un parterre de voisines mi-horrifiées (est-ce vraiment une femme que nous voyons là, armée de cet engin pétaradant ?), mi-admiratives (comment fait-elle ? Réponse : elles y arriveraient tout aussi bien si elles essayaient, pas besoin d'avoir fait Normale sup, ça marche comme une Mobylette, sans les roues !). On rigole bien avec ma chérie.

Le « droit à l'enfant »

L'expression fétiche des tenants de « l'ordre symbolique », autres psys et intégristes de tout poil, pères et mères la morale. Comprendre : les homos pensent qu'il y a un droit à l'enfant, car s'ils veulent des enfants, c'est forcément par égoïsme. S'ils pensaient un peu à eux (les enfants), ils n'en feraient pas (voir, précédemment, les propos de la grand-mère de famille nombreuse). Ben voyons ! Si tous ces bons esprits avaient autant réfléchi que nous avant de procréer, il y aurait sûrement moins de gosses malheureux dans le monde.

Une journaliste de radio a un jour demandé à Astrid ce que ça lui apportait d'avoir des enfants. Est-ce qu'elle aurait posé la même question à une mère de famille « normale » ? C'est exaspérant. Ça me fait penser aux récents propos d'un psy de service (je ne sais plus lequel, mais je ne m'abaisserai pas à chercher son nom) qui a dit que les homos voulaient des enfants parce que c'était à la mode en ce moment dans le milieu gay ! Sans blague ! C'est inimaginable les horreurs qu'on peut lire sur nous, écrites par les personnes les plus respectables. Qu'en termes choisis et savants cette haine-là est dite !

Dans la même veine, il me faut évoquer l'incontournable « ordre symbolique ». Quèsaco l'« ordre symbolique » ? Si j'ai bien compris, traduit en langage accessible au commun des mortels, ça donne « papa, maman et moi, et la famille sera bien gardée ». Et aussi l'ordre social, parce qu'il n'est pas seulement « symbolique » l'ordre. Le symbolique, c'est ce bon vieil Œdipe et son bon vieux complexe auxquels s'accrochent désespérément quelques psychanalystes dont ils constituent le fonds de commerce médiatique. Je ne suis pas férue de théorie psychanalytique, bien que j'aie autrefois fréquenté ces moelleux divans, mais je crois me souvenir que Freud, en son temps, passait pour un dangereux révolutionnaire, destructeur d'un ordre familial et social multimillénaire. Avec « l'ordre symbolique » la psychanalyse s'est-elle rangée des bécanes ? Ce serait la penser bien monolithique. Les homoparents ont aussi leurs défenseurs, qu'on songe à Élisabeth Roudinesco ou Geneviève Delaisi de Parseval, par exemple. J'ignore ce que mon lacanien personnel à moi, dont j'ai usé les coussins pendant sept ans (de réflexion...), pensait de l'ordre, du symbolique et de l'homoparentalité. On en parlait peu à cette lointaine époque, au début des années quatre-vingt-dix du siècle précédent. Je tiens seulement à lui dire ici, publiquement, que si j'ai des enfants, c'est grâce à lui. Merci.

L'idéal hétéro

Il est de bon ton de dire, pour rassurer les hétéros tolérants (pour les autres, de toute façon il n'y a rien à faire), que les enfants d'homos, à l'âge adulte, sont presque tous hétéros. Si, si, je vous le dis, c'est statistique, à quatre-vingt-dix ou quatre-vingt-quinze pour cent ! À rapporter au taux d'homosexuels dans la société en général : cinq pour cent si on ne compte que les affirmés ; dix pour cent si on répertorie les planqués... Ne me demandez pas d'où sortent ces chiffres, je n'en ai pas la moindre idée, et laissez-moi ricaner. On se donne vraiment bonne conscience à peu de frais. Pourquoi ne pas dire la vérité, quitte à froisser les bonnes volontés bien-pensantes, qu'on s'en fiche que nos enfants soient homos ou hétéros ! Du moment qu'ils sont heureux... Personnellement je trouve qu'aimer ma femme et être aimée d'elle est parmi les choses les plus douces du monde. Je ne souhaite pas être hétéro, j'ai le toupet de dire que je suis bien comme je suis, que j'ai choisi de l'être, que si je préfère Astrid, ce n'est pas faute d'avoir goûté aux joies de l'autre sexe. Je n'ai aucune excuse : je suis goudoue par choix. Pourquoi devrais-je souhaiter d'autres amours à mes enfants ? C'est sans doute plus facile d'être hétéro. Sur le plan social, c'est sûr. Pour concevoir des enfants, aussi. Mais pour l'amour, la liberté, l'égalité ? Pourtant c'est juré, même si nos filles nous ramènent un mec à la maison, on n'en fera pas une maladie !

Nos enfants sont différents, forcément, pourquoi prétendre qu'ils ne le sont pas ? Pourquoi ne pas assumer de faire des enfants différents, différemment ? Pourquoi nous tirer dans le pied en espérant qu'ils ne soient pas comme nous surtout ! Si nous nous estimions un peu plus, nous les homos, peut-être deviendrions-nous plus estimables ? De ce point de vue, notre annuelle Gay Pride ne peut nous faire que du bien. Encore que ses aspects les plus carnavalesques, tout amusants et télégéniques qu'ils soient, viennent à mon sens un peu brouiller les cartes. Mais c'est un autre débat. Se montrer tel qu'on est semble bien le premier pas dans l'estime de soi. Pourtant, j'ai toujours trouvé un rien agaçant ce terme de Gay Pride, qui signifie, ne l'oublions pas, Fierté homosexuelle. Agaçant parce qu'il n'y a pas non plus de quoi être particulièrement fier. Est-on fière d'être grande, ou brune ou d'avoir de beaux yeux ? Est-on fière d'être hétéro ? Enfin, bon. Donc on défile fièrement une fois par an, bien à l'abri dans la foule et sous le regard amusé, parfois complice, des braves gens sagement alignés sur les trottoirs (des fois qu'on risquerait de les confondre avec nous s'ils mettaient un pied sur la chaussée). Et après ? Après on explique que nos enfants ont toutes les chances d'être hétéros, Dieu merci !

Seulement voilà, à trop nous tenir sur la défensive, nous ne faisons qu'exacerber la critique. Si l'on pense que l'homosexualité est une manière de handicap social, psychologique, voire physique, que sais-je ?, il paraît à tout le moins raisonnable de vouloir en préserver sa progéniture. Comment pouvons-nous prendre alors la responsabilité de nous reproduire ? C'est pain bénit pour nos détracteurs : les homos sont bien des jouisseurs égoïstes qui font des petits comme ils adopteraient un yorkshire, un seul de préférence parce que c'est moins encombrant. Et quelle image de nous-mêmes, leurs parents, proposons-nous à nos enfants ?

J'ai ainsi vu des mères lesbiennes favoriser – à tout le moins supporter – chez leur petite fille une féminité outrancière faite de poses étudiées, de sacs à main, de tubes de rouge à lèvres. À six ou sept ans. Un tour de main peu commun, cette gosse, pour se refaire une beauté avant de sortir. Peu d'adultes pourraient s'aligner ! Ses parents sont pourtant bien loin de cette caricature de féminité. On pourrait les qualifier sans aucune connotation péjorative de goudoues rustiques, c'est-à-dire qu'elles portent plus volontiers les chaussures de marche et la fourrure polaire que le tailleur et les escarpins. Tout comme nous. L'admiration de ces mères pour leur « vraie petite femme » ! On en pleurerait. Attitude tout à fait inconsciente j'imagine, et cela n'en fait que plus mal : quelle estime ont-elles d'elles-mêmes ces mères, en tant que femmes, en tant que lesbiennes ? Et cette enfant, quelle considération a-t-elle pour elle-même ? Quelle considération a-t-elle pour ses mères aux antipodes de son idéal féminin ?

Le pire, c'est qu'on n'échappe jamais vraiment à ces schémas, qu'ils dorment au fond de nous, tranquillou Billou, pour ressortir en douce au moment où l'on s'y attend le moins et alors qu'on se pensait très au-dessus de tout ça... Il y a peu, à l'arbre de Noël de notre association de parents gais, une copine nous a très justement fait remarquer que toutes les petites filles, toutes, étaient en robe, mais qu'on ne pouvait pas en dire autant de leurs mères. Ouille ! On a ri jaune avec Astrid, parce que, filles et mères, nous étions dans le lot. Des arroseuses arrosées et de la vie dure des clichés...

Nom de nom !

Nos enfants portent nos deux noms de famille accolés. Enfin, par un usage que nous avons imposé partout où nous avons pu. Car l'état civil ne leur reconnaît qu'un seul patronyme, celui de leur mère biologique. Et puis la Sécu, et la mutuelle, et les impôts, et les assurances... Le nom est un rappel quasi permanent de notre statut juridique de non-parent à l'égard de l'enfant que nous n'avons pas porté. Avec tout ce que cela entraîne. Que se passerait-il si Assia avait besoin d'être hospitalisée et opérée en l'absence d'Astrid ? Et de même pour Augustine en mon absence ? Ça n'a l'air de rien un nom, ça n'a l'air de rien de ne pas pouvoir remplir une feuille de Sécu pour son enfant, ni lui faire établir un passeport. On essaie de se dire que l'important, c'est le cœur. Mais le jour où la loi platement et bêtement appliquée vous rattrape ? Le jour où l'instit refuse d'inscrire votre enfant sous son nom d'usage ? Simple hypothèse d'école, si l'on peut dire, l'instit d'Augustine est charmante. Le jour où le pédiatre de la maternité refuse de mettre les deux noms sur le carnet de santé de votre nouveau-né ? Ça, c'est avéré. Et pourtant il était charmant aussi... Il n'a même pas laissé la place d'ajouter proprement mon nom : on a dû raturer. L'état civil, c'est l'état civil a-t-il dit. Et il a raison. C'est bien ça le problème. En la matière, nous sommes livrées à l'arbitraire. Qui est parfois bienveillant. Comme la puéricultrice de la maternité, qui a établi pour Augustine un carnet de santé avec son vrai nom. Ça n'a l'air de rien un carnet de santé... De symbole en symbole, on s'accroche. Parce qu'il ne faut pas être grand clerc ès psychanalyse pour connaître le poids de ce genre de symbole.

Mais la loi n'est pas qu'affaire de symboles : Assia ne pourra pas hériter de moi, ni Augustine d'Astrid sans se faire rançonner par le fisc comme si nous n'étions pas membres de la même famille. Et si je viens à mourir plus tôt que prévu, qui aura la garde d'Augustine ? Je peux évoquer la question en toute légèreté, car je sais que ni mes parents, ni mon frère, ni ma sœur ne l'arracheraient à la famille qui lui resterait alors, à savoir sa deuxième maman et sa sœur. De même pour les parents d'Astrid. Mais ils pourraient le faire. Imaginons que nous ne nous entendions pas avec nos belles-familles respectives. Cela arrive fréquemment, non ? Surtout chez les couples homos. Il est des parents qui ne supportent pas une belle-fille là où ils attendaient un gendre, et inversement. Ou imaginons que mes parents, ou ceux d'Astrid, fous de chagrin, perdent les pédales ? Eh bien, en cas de conflit, ils auraient de bonnes chances d'obtenir devant les tribunaux la garde de leurs petits-enfants biologiques. Je ne dis pas qu'ils l'obtiendraient à coup sûr, car la jurisprudence nous est un peu plus favorable à l'heure actuelle. Mais là encore, l'arbitraire règne : un juge de tutelle réac considérera que l'intérêt de l'enfant n'est pas de vivre avec sa deuxième mère… Cela dit, a priori (mais seulement a priori), c'est la volonté des parents qui prévaut. Pour nos filles, nous avons donc surmonté notre angoisse de la paperasse et de la mort, nous nous sommes rendues chez le notaire et nous avons rédigé un testament. Dans les films, ça commence par « Ceci est mon testament »… Dans la vraie vie aussi. Ça rend les choses plus faciles, presque drôles. Mais pour autant un testament ne constitue pas une garantie.

Alors, quoi ? Se battre. Il est grand temps que nous nous décidions à agir, que nous sortions de notre cocon protégé. Ne serait-ce que pour le symbole, encore lui. Car des solutions, il en existe, même si elles sont à la frange de la loi.

Première possibilité, une adoption simple. Il y a fort à parier que le commun des mortels ignore tout de cette procédure, dont j'ai moi-même découvert l'existence il y a quelques mois à peine. Un petit topo juridique succinct, donc : il y a en France deux sortes d'adoptions, l'une comme l'autre prononcées par un juge, accordées à une personne célibataire ou à un couple marié. La plus courante est l'adoption plénière : l'enfant devient fils ou fille de son ou ses parents, au même titre qu'un enfant biologique. Il en porte le nom, il en est l'héritier. Ses liens avec sa famille d'origine, s'ils existent, sont irrévocablement coupés. Dans le cas de l'adoption simple, les liens avec les parents de naissance sont conservés : nom, héritage, etc. L'enfant peut porter les noms réunis de ses deux familles. Pour tous les détails, je vous renvoie aux textes de loi.

Une adhérente de notre association de parents gays, l'APGL, a ainsi obtenu, tout à fait légalement, de pouvoir adopter, avec son accord bien sûr, les enfants biologiques de sa compagne. Leurs trois filles, nées de la même mère, portent désormais officiellement les noms accolés de leurs deux parents. Ce patronyme – ce « matronyme », plus exactement –, elles pourront le transmettre à leurs propres enfants. Si ce n'est pas une famille, ça ! Revers de la médaille, aux termes de la loi, la mère biologique a perdu son autorité parentale... Elle ne peut plus, par exemple, décider d'une intervention chirurgicale pour ses propres enfants. Absurde. Je suppose que c'est aussi ce non-sens-là que ces femmes veulent mettre en évidence. Cette affaire d'adoption simple nous laisse un peu dubitatives : certes, les enfants peuvent légalement porter leur vrai nom, mais abandonner son autorité parentale, ce n'est pas rien. Au niveau du symbole encore, est-ce que cela ne peut pas être compris par l'enfant comme « tu n'es plus mon enfant, mais celui de ton autre mère » ? C'est une belle preuve d'amour que donne la mère biologique à sa compagne, mais l'enfant, lui, comment vit-il ce transfert ? De plus, est-ce vraiment une victoire que cette adoption qui consacre le fait que l'enfant n'a de toute façon qu'une seule mère, celle qui détient l'autorité parentale ? Nous avons pensé corser l'affaire en demandant des adoptions croisées : Astrid adoptant mon/mes enfant(s) biologique(s), et réciproquement. Encore plus absurde, non ? Nos filles sont trop petites encore pour pouvoir dire leurs sentiments et donner leur avis sur ce tour de passe-passe, donc nous attendrons.

D'ici là, nous tenterons de faire jouer une loi votée en 2002, qui permet, dans l'intérêt de l'enfant (qui en l'occurrence ne fait pas un pli, nous paraît-il), un partage de l'autorité parentale. On s'en doute, le texte n'a pas été conçu pour les homoparents, mais pour les familles recomposées, après un divorce entre autres. Il va falloir le détourner un rien, et du coup prendre un avocat. Ce que nous ferons dès que nous aurons trois sous de côté. Là encore, il va falloir entreprendre des démarches croisées, Astrid demandant une délégation d'autorité parentale pour Augustine, et moi itou pour Assia... L'affaire n'a rien d'impossible, il existe déjà plusieurs couples de femmes dans une situation identique à la nôtre qui ont obtenu gain de cause. Et ensuite, une adoption simple ? La perspective de ces chicaneries juridiques nous réjouit modérément... Mais en avant blonde ! pour nos filles nous sommes prêtes à tout.

❖ *La jurisprudence en matière de famille homoparentale ayant fait un bond ces derniers temps, je vous engage à lire l'épilogue de ce livre.*

Love story

Le sexe des protagonistes à part, notre rencontre, au début des années Mitterrand – autant dire au Moyen Âge –, a tout du bon vieux scénario hollywoodien : tout les sépare, et pourtant... À la droite de l'écran, l'héroïne numéro un, Astrid, petite-bourgeoise à chignon bien tiré, chemisier en Liberty et jupe plissée. Pour la jupe plissée, je vais me faire incendier ; j'avoue, j'invente. Mais elle aurait pu en porter, elle aurait dû, ça cadrait à la perfection dans le tableau. Si ce n'est qu'elle a horreur de ça... À la gauche de l'écran, l'héroïne numéro deux, moi. Baba cool insupportable, pantalon de velours avec des poches aux genoux, pull jacquard tricoté main en pure laine qui sent encore le mouton. Avec des pièces aux coudes. Du moins c'est ce que ma dulcinée a toujours prétendu. Pour ma part je m'inscris en faux contre cette assertion. Avec la dernière énergie. Car aller vêtue d'un pull troué aux manches ne m'aurait en rien gênée ! Notre seul point commun : nous nous croyions toutes deux hétéros pur jus... Vraiment, ça partait mal.

La rencontre improbable eut lieu au détour d'un couloir de la fac. Il restait une chambre à louer dans l'appartement que mes parents avaient acheté pour mes années d'études (oui, je sais, la plus bourge des deux n'était pas celle qu'on pense !). Je m'étais débarrassée de la précédente et chiante locataire sous un prétexte des plus fallacieux, et il fallait maintenant que j'en dégotte un ou une moins nul(le). L'ancienne planquait des pots de fromage blanc à 0 % dans le placard de sa chambre de peur qu'on les lui bouffe ; trouver mieux ne devait pas être difficile. Et qui voilà qui me déboule dans les pattes à la sortie d'un cours auquel elle n'était même pas inscrite : la bourge à chignon ! Elle était prête à tout pour quitter ses parents. Je n'ai rien pu faire. J'ai bien essayé de la perdre en lui indiquant le mauvais arrêt de bus – tout à fait involontairement, je précise, par un bel acte manqué. Peine perdue. Elle m'a pistée jusqu'à l'avenue Jeanne-d'Arc, artère qui, ironie du sort, abritait à la fois mon immeuble et la permanence électorale du Front national. Je le dis car la Pucelle, sous la forme d'une plaque de rue que nous dérobâmes plus tard nuitamment et à titre de souvenir romantique, nous accompagne désormais partout. Cette plaque, qui figure toujours en bonne place dans notre maison, produit un effet très sûr sur nos visiteurs, qui se demandent bien ce que fiche, chez nous, cette icône facho. Pauvre Jeanne, ce n'est pas sa faute. On aurait préféré Louise Michel ou Simone de Beauvoir. Mais bon, le destin, c'est le destin. Et puis en extrapolant à peine, la petite Lorraine, avec son épée, son cheval et son armure, elle ne serait pas un rien butch par hasard ? Non que les camionneuses, même avant la lettre, soient notre idéal féminin, mais avec elles on reste quand même en famille...

Jeanne d'Arc, donc, ne rebuta pas ma future locataire, qui déjoua toutes les embûches pour parvenir jusqu'à ma porte. Face à tant de détermination, je m'inclinai. Elle partit avec les clés. Deux semaines plus tard, elle s'installait. À la faveur des premières vacances, profitant sans vergogne de mon absence, elle fit disparaître la tapisserie à fleurs années soixante-dix de sa chambre, superbe pièce de musée héritée des précédents propriétaires, pour la remplacer par une peinture laquée vert gazon qui aurait effrayé Andy Warhol soi-même. Lorsque je débarquai à l'improviste, je ne sais plus pourquoi accompagnée de mes parents, je trouvai l'appartement plongé dans un froid polaire, ma petite bourge couverte de peinture verte et la fenêtre de sa chambre, gazonnée sur les deux faces, qui trônait au milieu du salon. Mes parents en restèrent cois. Quant à moi, je me dis que quelqu'un qui démontait les fenêtres pour les peindre, même en vert fluo, ne pouvait pas être tout à fait mauvais. Évidemment, ce n'est pas elle qui dut répondre aux lettres recommandées des copropriétaires, effondrés par cette végétation soudain poussée sur la façade fraîchement ravalée...

Elle ne tenta rien contre ma propre chambre, dont la laideur du motif floral qui tapissait les murs suscitait à dire vrai un certain respect.

Six mois plus tard, nous étions inséparables. Dix-sept ans après, nous avions deux enfants.

Annonce

J'avais vingt-deux ans, je crois, lorsque j'ai parlé d'Astrid pour la première fois à mon père. Nous étions dans un restaurant près du Châtelet, à Paris. Il était triste. « Tu n'auras jamais d'enfants. » J'étais encore bien loin de l'idée de fonder une famille, pourtant je lui ai répondu ce qui déjà me paraissait évident : « Tu sais, ça ne rend pas stérile. » De longues années plus tard, mon père achetait un monospace pour caser ses nombreux petits-enfants, dont nos deux filles...

Curieusement, nombre de gens pensent que l'homosexualité est contraceptive. Et peut-être d'autant plus qu'ils savent que nous vivons ensemble depuis des lustres ma chérie et moi. Un enfant après seize ans de mariage, ce n'est pas courant. Leur tête quand ils ont appris que j'étais enceinte ! Il y a même une copine – qui fait pourtant partie du même club que nous, quoiqu'elle l'assume mal – à qui j'ai dû proposer une chaise. J'ai vu le moment où elle allait, littéralement, en tomber sur le cul !

Y A PAS D'PAPA

Notre histoire est d'une banalité confondante : on s'aime, on s'aime, et un jour vient le désir d'avoir des enfants. On nous la reproche assez du côté de certains militants homos cette banalité. Notre désir de faire famille ne serait, à leur idée, qu'une misérable tentative de singer l'ordre hétéronormatif. Ah oui ? Personnellement ces querelles de chapelle m'ennuient assez. J'ai plutôt l'impression que l'homoparentalité invente quelque chose de nouveau. Mais surtout, en réalité, je me contrebalance de ces discussions théologiques. Un désir d'enfant banal donc. Un vrai désir de serrer un bébé dans ses bras, de lui faire des bisous dans le cou, de l'appeler mon amour ma chérie, mon câlin ma poupette mon canard, de le faire rire aux éclats, de l'entendre dire non et gâteau et maman et papa (euh, ça non, voir plus loin), de lui apprendre à faire du tricycle et à coller des gommettes. Comme tout le monde, eh oui !, on a choisi sur un banc public les prénoms de nos premiers bébés. Comme tout le monde. Sauf que... On a été obligées de se poser deux questions qui n'effleurent pas la plupart des gens : 1) est-ce qu'on a le droit ? 2) comment ?

Pour être tout à fait honnête, l'aspect moral ne nous a pas tracassées longtemps. Dans la mesure où il était exclu d'introduire un tiers, père, dans notre histoire d'amour, nous nous sommes demandé, forcément, si nous avions le droit de mettre sciemment au monde un enfant sans père ? Finalement, nous ne sommes pas si immorales que ça sous nos airs rebelles... Un enfant à qui on dira inévitablement un jour ou l'autre à l'école : « Hou, il/elle a pas de papa ! » Tout bien considéré, on a pensé que oui, la preuve, on va sur notre troisième, et on ne compte pas s'arrêter en si bon chemin, les familles nombreuses n'étant pas réservées aux traditionalistes catholiques de la banlieue ouest de Paris. On a pensé que certes, un papa c'est bien, mais que deux mamans, ça n'a pas que des inconvénients. D'ailleurs on s'est entendu dire à plusieurs reprises, y compris de la part de mères de famille bien sous tous rapports, qu'on avait « de la chance ». Oui, de la chance. D'abord, ça fait sourire : de la chance d'être goudoues ? On a toujours pensé qu'en effet on avait eu beaucoup de chance de se rencontrer, mais ce n'est pas un avis que tout le monde partage. Oui, de la chance parce qu'on s'occupe toutes les deux des enfants, toutes les deux du ménage et des courses, toutes les deux des plaisirs et des corvées, qu'on se comprend surtout. Tandis qu'elles, leurs maris... Alors on sourit encore : l'égalité des sexes, c'est plus facile quand c'est le même sexe ! Mais ça, mes belles, ce n'est pas notre problème. On laisse aux hétéros leurs soucis d'hétéros. Ça n'a quand même pas que des avantages d'être hétéronormé !

Socialement, le papa est une valeur bien plus sûre qu'une deuxième maman. Mais la société est aussi faite de nos évolutions, non ? Mettons bien les choses au point : pas de papa ne veut pas dire pas d'homme ; il n'a jamais été question de faire croire à nos filles qu'elles ont été conçues sans intervention masculine (bien qu'Assia, par un bel hasard, soit née le jour de l'Immaculée Conception...), ni que les hommes n'existent pas. Ni, j'en vois venir d'aucuns, que les hommes ne sont qu'une banque à sperme pour filière belge. Pas de papa, ça veut dire essayer d'inventer autre chose, mais avec autant d'amour et un rien d'humour ce ne devrait pas être impossible. À l'usage, il paraît qu'on ne se débrouille pas trop mal pour élever nos enfants : nos filles sont épanouies, ouvertes, aimables, rigolotes, curieuses. J'en passe et des meilleures. On a longtemps pensé qu'on avait de la chance d'avoir une Augustine si sympa et facile. Puis encore qu'on avait décidément la baraka d'avoir une Assia si sympa et facile. Ce sont des amis hétéros qui nous ont fait remarquer que nous y avions peut-être notre part...

Argument haïssable en faveur de l'homoparentalité : les alcooliques ont bien le droit de faire des enfants, pourquoi pas nous ? C'est se considérer bien peu que d'offrir cet argument à nos détracteurs. Nous sommes aptes à élever nos enfants au même titre que n'importe quels parents aimants et attentifs. Oui, « hou il/elle a pas de papa ! ». Mais aussi « hou, il/elle est noir/arabe/chinetoque, gros/maigre, avec de grandes oreilles ou une petite bite ». Il y a toujours quelque chose qui ne va pas. Et s'il était social le problème ? Oui, Astrid et moi on a eu un papa qu'est plus fort que le tien et si tu m'embêtes il viendra te casser la figure. On a été heureuses d'avoir le plus grand le plus fort le meilleur des papas. D'ailleurs nos superpapas font tous les deux de super-grands-pères. Mais nos supermamans devenues de super-grands-mères ? Et deux supermamans, c'est comment ? Ce sont nos enfants et nos petits-enfants qui nous le diront.

Bref, récapitulons, on peut faire des enfants sans père, et même des enfants heureux. Et plus encore, heureux si le monde qui les entoure fait montre d'un peu d'ouverture d'esprit. Exit le problème moral. Enfin en ce qui nous concerne.

Zigounette et pilou-pilou sont dans un bateau

Une fois résolue la question morale de l'absence de père, reste l'aspect pratique. À savoir : comment fait-on des enfants quand pilou-pilou il y a, mais pas zigounette ? Plusieurs possibilités :

Première solution, on trouve une zigounette en mal de pilou-pilou qui a une terrible envie d'être papa. Retour au père, donc. Dans le jargon des homoparents on appelle ça « coparentalité ». C'est une possibilité qu'on a écartée, mais il est intéressant d'en parler un peu, puisqu'il paraît que c'est vers elle que se tourne la majorité des homos aujourd'hui. Un peu seulement. D'abord parce que n'étant pas concernées on voit les choses de l'extérieur et ensuite parce qu'on ne voudrait pas se faire trop d'ennemis dans la communauté gay... Certains homoparents pensent qu'un enfant doit avoir un père et une mère, fussent-ils pédé et gouine. Une lesbienne ou un couple de lesbiennes s'entendent donc avec un gay ou un couple de gays. L'enfant a un papa, une maman et, en option, un deuxième papa, une deuxième maman. Les deux couples se partagent son éducation et il vit chez eux à tour de rôle. Cela se passe parfois bien entre les parents... Sachant qu'au minimum on en prend pour vingt ans... De ce que j'en vois (mais je ne vois pas tout), c'est plutôt le bruit et la fureur... Façon divorce planifié, avec son lot d'incompréhensions quotidiennes. C'est pourtant la solution qui a la préférence des psys sympathisants de la cause homoparentale... Mais bon, quand les psys n'auront plus de père à se mettre sur le divan, que deviendront-ils ?

Pour notre part, nous ne pouvions imaginer une seconde l'irruption d'une tierce, et a fortiori d'une quarte personne dans notre histoire d'amour avec nos enfants. Il y a plusieurs années, un ami homo très cher nous avait proposé ce qu'on n'appelait pas encore une « coparentalité ». Malgré toute l'estime que nous avons toujours pour lui, nous avions refusé sans états d'âme, tant il nous paraissait impossible qu'un autre puisse avoir son mot à dire sur notre façon d'élever nos enfants. Et à l'usage, ô combien nous avions raison ! Il n'est déjà pas facile de faire grandir des enfants quand on s'aime, de surmonter la fatigue des premiers mois de l'aîné, l'énorme fatigue des premiers mois du deuxième (est-ce qu'on peut aller plus loin dans le manque de sommeil ? On verra ça pour le troisième), les petites dissensions et les gros énervements, les engueulades pour des conneries, juste parce qu'on est à bout... Alors si on ne s'aime pas d'amour... Quant à abandonner son petit entre les pattes d'un quasi-étranger, fût-il un ami (et Dieu sait si c'est loin d'être toujours le cas !), une semaine sur deux et la moitié des vacances dès ses premières semaines de vie... Est-ce là le prix d'un père ? Un enfant qu'on n'allaite qu'un mois parce que son père et le compagnon de son père eux aussi veulent passer du temps seuls avec lui ? Et c'est bien légitime. Parce qu'un père, un vrai père, c'est bien plus qu'un nom. Des adultes qui se déchirent pour l'amour d'un enfant, est-ce là le prix d'un père ?

Quitte à ne pas me faire que des copines, je pose la question : combien de couples de lesbiennes sont prêts, au fond, vraiment prêts, à accepter la présence d'un père au plein sens du terme ? Pour combien n'est-il qu'un état civil qu'on pourra lâcher en pâture à son enfant pour lui dire que si, bien sûr que si, il est comme les autres. Et que, au passage, soi-même, aussi, on est comme les autres, puisqu'on a fait un enfant avec un monsieur. C'est tellement facile de se planquer lorsqu'on peut dégainer un père à la crèche, à l'école, chez le pédiatre, chez la nounou, aux repas de famille... Jamais à court d'un argument massue : tu comprends, avec tous ces homophobes partout, on n'est jamais trop prudentes. Ou : ma pauvre mamie, elle a quatre-vingt-dix ans, ça la tuerait d'apprendre que je suis homo. Un père, est-ce là le prix de la dissimulation ?

Heureusement il y a de vraies coparentalités, qui fonctionnent, j'en connais plusieurs. Qui suscitent le respect, qui font envie même. Et c'est alors une nouvelle famille qui s'invente, beaucoup plus novatrice que la nôtre, somme toute assez classique, et dont la société devra bien, un jour, tenir compte. Mais ce n'est pas notre famille.

Évidemment, les jours où l'on craque, où l'on passerait volontiers ses adorables crapouillettes à la Moulinette pour les hacher menu menu, où l'on voudrait bien que de temps en temps elles dorment un peu pendant la sieste, où l'on aimerait tellement qu'elles soient loin et qu'elles nous manquent beaucoup, où l'on voudrait bien avoir enfin le temps d'écrire ce foutu bouquin, on se dit que la coparentalité n'a pas que du mauvais...

Donc, comment fait-on un enfant sans père ? Je n'ai pas dit sans homme ! Je me répète à dessein : il est très clair déjà pour nos filles qu'un bébé naît d'une graine de monsieur et d'un œuf de dame. Par ailleurs, je n'entrerai pas dans le débat du clonage. On voudrait bien nous coller ce fantasme-là, à nous autres lesbiennes irresponsables qui avons toujours rêvé d'éradiquer le mâle de la planète ! Amalgame bien commode aux bonnes consciences, à mettre dans le même panier que celui qui assimile pédérastie et pédophilie.

Pas de papa, disions-nous. Et pas cinquante solutions non plus. Trois très exactement. La première : trouver un homme ouvert et généreux qui accepte d'être géniteur mais ne désire pas être père. Par exemple un père de famille comblé ne désirant pas élever d'autres enfants. C'est ce que nous avions d'abord envisagé. Nous avions même trouvé la perle rare. Avant de changer d'avis, sur les conseils de notre gynéco. Comment être tout à fait sûres que cet homme animé des meilleures intentions n'allait pas, à la naissance de l'enfant, se découvrir à nouveau la fibre paternelle ? Car on ne peut plus, de nos jours, empêcher un père de reconnaître son enfant. Au nom de tous les pères floués, je suppose que l'on doit s'en réjouir. Pour les générations de filles mères engrossées et quittées au cours des siècles, la potion serait sans doute un rien amère, mais *o tempora*... Pas de chance, de nos jours les pères s'accrochent ! Et ils peuvent reconnaître un enfant toute sa vie durant et même après...

Alors a imaginé le pire, le généreux donateur qui refait surface six mois, trois ans, sept ans, douze ans après son généreux don... Bardé d'un tardif mais néanmoins sincère amour paternel, il revendique des droits sur sa progéniture. Situation terrifiante pour l'enfant... et ses mères. Poussons plus loin : tribunal, mauvaise foi, grossesse dissimulée, pas pu exercer mes droits, mœurs dissolues de la mère (je dis bien de LA mère : ne jamais oublier que dans notre couple, celle qui n'est pas la mère biologique, légale, n'a aucun droit), mauvais exemple pour l'enfant, droit de garde au père. On arguera que ce scénario parano est un pur produit de la manie de la persécution des homos. Bien sûr. N'empêche : des magistrats homophobes, il en existe, même si c'est moins criant qu'à une certaine époque. Pas question de courir ce risque, de vivre avec la peur. Option rejetée.

Solution numéro deux pour esquiver le père : l'enfant dans le dos. Soyons honnêtes, ce ne sont pas les scrupules de conscience à l'égard du monsieur qui nous ont arrêtées, mais d'abord une interrogation de fond : comment un enfant vit-il lorsque son père – j'ose à peine utiliser ici ce mot – ignore tout de son existence et, ergo, ne l'a désiré en aucune manière (à l'inverse d'un donateur de sperme, par exemple). Comment vit-il avec cette absence ? Même pourvu d'une double ration d'amour maternel ? Eussions-nous franchi le pas qu'une peur non moins forte nous aurait dissuadées : celle du sida. Comment être sûres d'un parfait inconnu ? Car nous n'allions tout de même pas faire ça à un copain, nous gardons une certaine décence dans l'immoralité… Fin du bébé dans le dos. De toute façon, avec du recul, nous sous-estimions un rien les difficultés techniques, pensant, pauvres naïves de la génération pilule, qu'il était bien plus difficile d'éviter les enfants que de les faire ! On se voyait enceintes la première fois. Crac crac et hop… Non pas qu'il soit désagréable de remettre cent fois l'ouvrage sur le métier (nous ne sommes pas ce genre de goudoues-là), mais après on s'attache et alors, adieu le parfait inconnu, bonjour les scrupules de conscience ! À l'usage, on a pu constater que se retrouver enceinte, c'est beaucoup plus vite dit que fait, en tout cas pour ce qui me concerne…

C'est alors qu'on a entendu parler de quelque chose qui s'appelle l'IAD, troisième possibilité de contourner le père.

Dis maman, c'est quoi une IAD ?

C'est comme ça que tu as été conçue, mon enfant. Par insémination artificielle avec donneur, anonyme en l'occurrence. Où l'on retrouve le père inconnu, mais consentant pour le coup, désireux, tout discret qu'il soit, de donner vie à un enfant. C'est par notre gynéco, toujours elle, qu'on a appris l'existence de cette technique. Qu'elle en soit remerciée. À l'époque, c'était avant 1994 et les fameuses lois de bioéthique, on pouvait faire ça en France… Mais nous étions jeunes, et nos idées de famille encore à l'état de projet. Après il y a eu la loi, et maintenant, dans notre beau pays, les IAD sont fermées aux lesbiennes comme aux célibataires hétérosexuelles. Les goudoues qui se sentent la fibre utérine maternelle sont désormais priées de gagner des contrées moins hostiles, la Belgique par exemple.

Je ne résiste pas au plaisir pervers de citer un extrait du chapitre II bis de ce texte voté le 29 juillet 1994.

« *Art. L. 152-2. – L'assistance médicale à la procréation est destinée à répondre à la demande parentale d'un couple.* »

Jusque-là, tout va bien. Difficile de nier que nous formons un couple en demande parentale...

« *Elle a pour objet de remédier à l'infertilité dont le caractère pathologique a été médicalement diagnostiqué. Elle peut aussi avoir pour objet d'éviter la transmission à l'enfant d'une maladie d'une particulière gravité.* »

Ça se gâte sérieux. Si certains pensent en effet que l'homosexualité est pathologique, ils n'iraient pas jusqu'à prétendre qu'elle rend stérile...

« *L'homme et la femme formant le couple doivent être vivants, en âge de procréer, mariés ou en mesure d'apporter la preuve d'une vie commune d'au moins deux ans et consentants préalablement au transfert des embryons ou à l'insémination.* »

Nous voilà dans le vif du sujet. J'adore cette formulation : « L'homme et la femme formant le couple »... Quelle tranquille évidence que « l'homme et la femme formant le couple ». Le législateur n'a même pas cru nécessaire de préciser que le couple *doit* être formé d'un homme et d'une femme, à ses yeux il l'est, par définition. Comme je l'ai déjà indiqué, on estime, en l'absence de toute statistique, que cinq à dix pour cent des Français sont homosexuels, ce qui fait de trois à six millions de personnes. Parmi elles, combien vivent en couple (dans le contexte, dois-je utiliser ce vocable ou faut-il lui préférer « à la colle », « en colocation » ?) ? Disons la moitié. Ce qui fait de un million et demi à trois millions de personnes. Considérons, toujours à la louche, que la moitié environ sont des femmes : sept cent cinquante mille à un million et demi de personnes potentiellement intéressées par la loi à qui l'on n'a même pas la courtoisie d'expliquer qu'elles ne constituent pas des couples et ergo ne sont en rien concernées par la législation...

Et ce n'est pas de nos parlementaires actuels que l'on peut espérer quelque changement... D'ailleurs les lois de bioéthique ont été révisées récemment, dans l'indifférence quasi générale. La question de l'accès des lesbiennes à la procréation médicalement assistée n'a pas fait, que je sache, l'objet de la moindre discussion à l'Assemblée nationale... Fermez le ban !

Même dans les pays à l'« éthique » moins sourcilleuse que la nôtre, l'IAD n'est pas réservée aux lesbiennes, loin s'en faut. Elle concerne surtout (et en France exclusivement, donc) des couples hétérosexuels dont l'homme, stérile, se fait en quelque sorte provisoirement remplacer. Je dis bien provisoirement, puisque la loi française lui attribue la paternité de l'enfant à naître, sans possibilité de la contester plus tard. Une manière de mensonge organisé, certes pavé de louables intentions (protection de la mère et de l'enfant et tutti quanti). Au final il semble que bien souvent l'enfant ignore tout de sa conception. On imagine sans peine les conséquences d'un secret de famille aussi jalousement gardé... Mais c'est une autre histoire. Nos enfants de goudoues n'ignorent rien, et pour cause, des circonstances de leur venue au monde : qui irait leur faire croire que leur seconde mère est leur père ou qu'ils sont issus de deux femmes ?

L'IAD, MANUEL TECHNIQUE

Une IAD, pratiquement, c'est quoi ? C'est simple, et pas très poétique. En gros, cela consiste à introduire du sperme décongelé dans le kiki de la dame, à l'aide d'un cathéter. La dame se rend à l'hôpital le plus proche (quelque mille cinq cents kilomètres dans notre cas...), se hisse sur une table gynécologique, écarte les jambes (classique position du missionnaire : la morale est presque sauve), subit la pose plus ou moins délicate d'un spéculum (messieurs les gynécologues, disons-le tout net, vous n'êtes pas très forts à ce jeu-là ; sans doute vos collègues féminines se sentent-elles plus en empathie... On ne peut pas vous en vouloir, nous qui ignorons presque tout de vos sensations intimes et de ce que vous ressentez lorsqu'on vous tripatouille le zizi sans douceur !). Un petit coup de désinfectant sur le col de l'utérus (ouille !) et zcouic, le/la toubib presse le piston. L'opération prend au total environ cinq minutes, et en général on passe plus de temps dans la salle d'attente que dans le cabinet du médecin. C'est un rien surréaliste de venir de si loin pour si peu...

La dernière fois que j'ai fait le voyage, la gynéco était une jeunette qui devait avoir une dizaine de stylos dans la poche de sa blouse. Elle m'a expliqué qu'elle ne pouvait pas s'empêcher de faire main basse sur tous ceux qu'elle rencontrait. Cette petite manie me la rendait plutôt sympathique, mais le foulard qu'elle portait m'a fait lui trouver l'air intégriste, réflexe pavlovien dont je ne suis pas particulièrement fière. Je suppose qu'on ne peut pas obliger une islamiste belge à inséminer contre son gré une lesbienne française ? Elle m'a posé l'horrible spéculum avec une grande douceur en tout cas.

De ce qui se passe dans les coulisses de l'IAD, du côté des généreux donateurs, j'ignore presque tout. Sont-ils de jeunes (et beaux !) étudiants en médecine, comme on le sait de source sûre, si, je te jure, qui trouvent ainsi de quoi financer leurs longues études ? Ou, comme on le sait de source non moins sûre, si, je te jure, des pères de famille aguerris, généreusement pourvus de progéniture, et dont l'altruisme demande de la sorte à s'exprimer ? Des lesbianophiles ? Des chômeurs ? Des pervers polymorphes ? Quel est le prix, moral et financier, de leur peine ? Leur fait-on écouter, pour les mettre en condition, une douce musique ou bien de suggestifs halètements ? Leur fournit-on des revues pornographiques ? Les membres les plus sexy du personnel, hommes ou femmes selon les goûts, défilent-ils devant eux nus sous leurs blouses ? Rougissent-ils ceux qui viennent ainsi de donner de leur personne lorsqu'ils présentent à l'infirmière de service le flacon qui recueille le produit de leur générosité ? De combien d'enfants deviennent-ils les géniteurs ? Peu, je crois, afin de limiter les risques d'incestes ultérieurs entre demi-frères et demi-sœurs de sang qui s'ignorent. Voilà l'essentiel de ce que je sais. Hormis qu'ils subissent des tests génétiques, qu'ils ne présentent pas de troubles mentaux, que les déficients intellectuels sont écartés et que les médecins disposent au moins d'une description sommaire, puisque nous savons, mais c'est bien tout, que l'homme qui a permis la naissance d'Augustine est brun et frisé. Il semblerait que les donneurs soient désignés sous un numéro, si l'on en juge par la plaisanterie que fit l'une des secrétaires lorsque nous sommes allées présenter Assia au service de fertilité : « Vraiment, le donneur 29 fait de beaux bébés ! » Un numéro peut-être, mais rien de certain, et surtout pas que ce « numéro 29 » soit « le nôtre ».

Épais mystère que nous nous sommes bien gardées d'éclaircir. Nous ne savons rien parce que nous n'avons rien voulu savoir – mais sans doute n'en aurions-nous pas appris davantage en nous montrant plus curieuses... Puisque le donneur souhaite rester anonyme (voir ci-dessous), la moindre des délicatesses est de ne pas chercher à s'informer sur lui.

Origine non contrôlée

Avant de commencer les inséminations qui allaient donner vie à nos deux filles, nous avons signé deux formulaires par lesquels, entre autres, nous prenions acte qu'il s'agissait d'un don anonyme, et qu'en aucune circonstance ni nous ni l'enfant à venir ne pourrions avoir connaissance de l'identité du donneur. Ces documents, qui portent chacun nos deux signatures, ont été établis en deux exemplaires, dont l'un est conservé dans notre dossier à l'hôpital. Le deuxième, nous l'avons rangé dans une boîte, avec les souvenirs de naissance de nos filles : faire-part, dessins des cousins, journaux du jour, etc. Elles le consulteront lorsqu'elles le jugeront nécessaire. Il nous paraît que ce document fait partie de leur histoire.

Il n'est pas de bon ton, par les temps qui courent, de se proclamer favorable à l'anonymat du don de sperme, et donc, pour jargonner un peu, contre « la transparence des origines biologiques ». On a tout de suite l'air d'un monstre qui prive ses enfants de la moitié de leur histoire. Les remous récurrents autour de l'accouchement sous X montrent assez à quel point le sujet des origines est parfois douloureux. L'abandon d'enfant ne nous concernant pas, je me garderai bien d'émettre un avis. De même sur l'anonymat du don chez les couples hétéros stériles. Tout au plus dirais-je que dans ce cas, c'est peut-être plus le secret qui pose question que l'identité du donneur. Un secret que, dans les centres d'étude et de conservation du sperme humain (Cecos) français, on semble souvent même prôner : « Vous n'êtes pas obligés de le dire à vos proches, ni plus tard à votre enfant », a-t-on ainsi expliqué à un couple de nos amis. Un secret auquel incite la loi, puisque – je parle toujours de la France – l'enfant né d'une insémination ou d'une fécondation in vitro (FIV) avec donneur anonyme se voit automatiquement reconnu par le mari ou le concubin de sa mère. Si ses parents se taisent, il ignorera toujours que son père ne l'est pas, génétiquement parlant.

Chez nous point de secret. Quand bien même le voudrions-nous. Est-il utile de préciser que nous ne le voulons pas ? On commence à connaître pas mal de couples de parents lesbiennes, mais personne d'assez cintré pour laisser croire à ses enfants que deux femmes les ont conçus ensemble, toutes seules comme des grandes ! Nos filles, si jeunes qu'elles soient, savent déjà tout des circonstances de leur naissance. Elles ont su dès leur premier jour, et même avant, puisque nous nous en sommes entretenues avec elles in utero. Elles n'étaient pas nées que nous leur expliquions déjà que, comme tout le monde, elles venaient d'un homme et d'une femme. Qu'Astrid et moi nous nous aimons, mais que l'amour ça ne suffit pas pour faire des bébés. Alors qu'un monsieur très gentil avait laissé à notre intention des graines de bébé à l'hôpital, où un docteur les avait mises dans notre ventre. Nous insistons beaucoup sur la gentillesse et la générosité du monsieur. On a la reconnaissance du ventre, tout de même ! Pour l'instant, la provenance des graines de bébé ne paraît pas plus mystérieuse à nos poupettes que le reste de la grossesse : la graine qui grossit, le ventre de la maman qui gonfle et le bébé qui finit par sortir au bout de très très très longtemps… On leur a aussi expliqué comment les papas et les mamans de leurs copains font les bébés, pour qu'elles aient un point de comparaison. Mais on ne les bassine pas avec leur conception tous les jours non plus ! Et pour tout dire, Assia, du haut de ses dix-huit mois, s'en tamponne de savoir comment on fait les bébés. Depuis que j'ai repris mes voyages vers la Belgique pour concevoir notre troisième enfant, on reparle régulièrement des graines de bébé, pour expliquer à nos petites pépées où je me rends tous les mois. Mais pas trop non plus pour ne pas les perturber, parce que pour le moment elles ne poussent pas des masses ces graines…

Mais pourquoi diable ne voulons-nous pas connaître l'identité du gentil donneur ? S'il est si gentil, il doit sans conteste gagner à être connu… Oui mais voilà, c'est un donneur, pas un père. Nous ne faisons pas aux pères l'affront de penser qu'ils ne sont que de simples pourvoyeurs de sperme. Encore qu'à voir certains couples hétéros on puisse être saisies d'un doute… Et si nous avions voulu un père pour nos enfants, nous aurions choisi une autre forme familiale. Comme je l'ai déjà indiqué, nous sommes les seuls parents de nos filles, et il n'y a pas place, dans notre histoire amoureuse et familiale, pour une tierce personne. Si le donneur, donc, n'est pas un père, pourquoi laisser penser à nos filles qu'elles pourraient le rechercher, s'en faire aimer et reconnaître ? Pourquoi les laisser se lancer dans la vaine quête d'un père que de toute façon elles n'auront jamais ? Pour des raisons qui lui sont propres, cet homme a fait don de sa personne. Il a peut-être déjà des enfants, au vrai sens du terme, des enfants qu'il a désirés, des enfants qu'il aime et qu'il élève. Il n'a pas, en l'espèce, choisi d'avoir nos filles, ni les autres enfants dont il est à l'origine. Je ne sais pas pour combien de femmes sert le sperme d'un même donneur, mais j'imagine sa tête si vingt adolescents venaient sonner à sa porte en s'écriant « papa ! ». Ça doit vous couper la fibre philanthropique ! Il y a des pays où c'est possible, où l'on révèle aux enfants l'identité de celui qui a permis leur conception. Avec son accord, bien entendu. J'ignore comment cela se passe, mais franchement, je pense que c'est une épreuve qu'il vaut mieux que nous épargnions à nos filles en particulier et à notre famille en général. Augustine et Assia se demanderont d'où elles tirent qui ses yeux verts, qui ses cheveux blonds. Est-ce si grave ? La génétique, après tout, est-ce si important ? Nous savons que le donneur n'est porteur d'aucune maladie génétique détectable. Le reste, comme dans toutes les familles, ce sont l'amour, l'attention et le respect de l'autre qui le font... Je ne laisserai pas dire que nous privons nos enfants de la moitié de leur histoire. Leur histoire, le début de leur histoire, c'est nous leurs parents, et puis leurs grands-parents, leurs oncles et leurs tantes, leurs grands-oncles et leurs grands-tantes, leurs cousins et leurs cousines, germains et à la mode de Bretagne, le tout multiplié par deux mères, dont il résulte une parentèle volumineuse et une mémoire familiale qui ne l'est pas moins. La voilà leur histoire ! Celle qui s'écrira dans les gènes de leurs propres enfants, j'en suis bien convaincue.

Le donneur est si peu un père à nos yeux que nous n'avons pas voulu que nos enfants soient issus du même homme. Celui qui a permis la naissance d'Augustine n'est pas celui qui a transmis son capital génétique à Assia. Et notre troisième bébé aura un autre géniteur encore. Et le quatrième si nous allons jusque-là. Comme beaucoup de couples de goudoues, nous avons pourtant commencé par demander le même donneur. C'était au tout début de nos démarches à Bruxelles. Nous y voyions, je suppose, un lien supplémentaire et entre nous, et, plus tard, entre nos enfants. Je dis je suppose parce qu'en réalité, nous n'y avions pas réfléchi très fort. Ce souhait, auquel l'hôpital avait accédé sans autre réserve que la compatibilité médicale, m'apparaît maintenant empreint d'un sentimentalisme affligeant : on s'aime, on fait des enfants avec le même homme... Après la naissance d'Augustine, nous avons reconsidéré les choses. Pourquoi créer un lien biologique entre nos enfants, alors que de toute évidence notre famille n'est en rien fondée sur la biologie ? Pourquoi créer entre nos enfants un lien qui nous soit totalement étranger à nous, leurs mères ? Nos filles sont sœurs par l'amour – le nôtre au moins, le leur elles le construisent encore –, qu'elles le soient aussi par le sang n'apporterait que confusion. Nous ne voulons pas d'un « père » mythique dont les gènes et l'image fantasmée planeraient sur notre famille.

La psychologue de l'hôpital, lorsque nous lui avons exposé notre nouvelle position, a paru quelque peu surprise. Comme face à une demande inattendue. Désormais, on l'a appris par des filles qui viennent d'avoir un bébé conçu au même endroit, elle serait plutôt opposée à ce que les deux femmes d'un couple aient le même donneur. En tout état de cause, c'est un souhait qu'elle entend discuter. J'ignore si c'est notre échange qui l'a fait évoluer. Nous n'étions sans doute pas les premières à tenir ce langage. J'y vois cependant une confirmation de notre choix. Même si ça nous coûte un peu plus cher en cierges lorsque nous allons en brûler en l'honneur de nos anonymes bienfaiteurs...

THALYS

C'est sûr, du point de vue transport, être goudoue dans le Nord ou le Pas-de-Calais, c'est le plus rentable. Oui, mais il n'y a pas Thalys. Thalys, pour ceux qui ne sont ni eurocrate ni lesbienne en mal d'enfant, c'est le petit nom du TGV qui relie en un peu plus d'une heure Paris à Bruxelles, et inversement. Presque incontournable, même depuis la province.

En tant d'allers-retours, on prend ses petites habitudes. Les horaires les plus pratiques pour ne perdre qu'une demi-journée de boulot ; les taxis et le prix des taxis ; les trams, le prix des tickets de tram et la longueur du trajet ; les rouleaux de réglisse de la gare du Midi, les spéculoos made in Belgium pour sa chérie qui adore ça (on trouve les mêmes au supermarché chez nous, mais sans l'accent. Et en matière de spéculoos, l'accent fait tout !). Deux tuyaux pratiques, profitez-en ce seront les seuls : il y a des tarifs réduits tous les jours sur Thalys, même pour celles qui prennent leur billet au dernier moment. Et puis : évitez de passer pour des andouilles en cherchant les machines à composter à Bruxelles, il n'y en a pas !

Maintenant qu'on a quitté Paris pour le Sud, le trajet s'est rallongé d'un parcours de TGV classique. Sans intérêt. L'exotisme, c'est Thalys. D'abord il y a cette frontière qu'on passe sans même s'en apercevoir. Tout à coup un sentiment diffus d'être ailleurs. On lève les yeux. Des prés. Des maisons de brique. Et déjà on ralentit, on pénètre dans la banlieue de Bruxelles. Clacloum-claclang, foutus aiguillages qui vous déséquilibrent à tous les coups si vous avez eu la mauvaise idée de vous lever trop tôt. On s'accroche. On arrive. Et puis il y a sa couleur à part, un lie-de-vin sur lequel on peut trouver à redire, mais bien à lui ; ses contrôleurs élégants et surtout ses passagers : touristes allemands qui poursuivent au-delà de Bruxelles vers Cologne, familles africaines qui croulent sous les valises et dont j'ai toujours supposé qu'elles allaient prendre en Belgique un vol moins cher vers l'Afrique, hommes d'affaires, fonctionnaires européens. Par jeu, ou peut-être pour partager une façon de clandestinité, je guette les filles seules qui pourraient avoir la même destination que moi. Jamais je n'en ai revu dans la salle d'attente de l'hôpital… Je me demande si j'ai l'air d'une goudoue qui va se faire inséminer ?

Thalys, c'est presque devenu un terme générique pour désigner nos bébés belges. On dit des « bébés Thalys ». Je crois même l'avoir lu un jour dans la presse. Je me souviens très bien, pour le coup, d'un faire-part de naissance dans *Libé* qui disait : « Il aurait pu s'appeler Thalys… » C'est plutôt joli comme nom. On devrait peut-être songer à se faire sponsoriser par la SNCF ?

Le voyage

Vendredi dernier, j'ai quitté notre maison dans le Sud aux petites heures de l'aube. À 11 heures, j'étais à Paris. J'en ai profité pour faire deux ou trois courses, puis j'ai déjeuné avec une amie. À 14 h 55, j'étais dans le Thalys (voir ci-dessus), qui me déposait à 16 h 20 à la gare de Bruxelles Midi. Tram, trois quarts d'heure plus tard, l'hôpital. Je règle un petit problème administratif. Cinq minutes d'attente, cinq minutes d'insémination, la jeunette à l'air intégriste. Retram, reThalys (en retard…). Paris à 21 heures. Dîner et dodo chez une autre amie. Gare de Lyon le lendemain matin, temps magnifique à Paris. Ma femme et mes filles sur le quai à l'arrivée, week-end dans l'Oisans avec des amis, temps dégueulasse… J'ai fini mon livre une demi-heure avant la fin du voyage et épluché *Libé* de long en large

– j'ai même essayé les mots croisés, c'est dire ! La prochaine fois, si prochaine fois il y a, j'emporte un pavé dont je serai sûre de ne pas venir à bout.

Variante : le trajet direct, via Marne-la-Vallée, Roissy et Lille. Aller-retour dans la journée. Le barman qui me sert un café à l'aller. Et puis un au retour, avec un petit sourire du genre « on s'est déjà vus, non ? » Quelque chose comme dix heures de train pour trois heures, tout compris, passées à Bruxelles. Il faut ce qu'il faut...

Un sujet d'étonnement : en quelques milliards d'allers-retours, plus deux d'Astrid, pas un guichetier de la SNCF, pas un contrôleur, n'ont demandé pourquoi nous restions si peu de temps à Bruxelles, ni fait la moindre remarque là-dessus... Pas même une boutade. C'est quelque chose le devoir de réserve ! J'en suis toujours sur le cul. Je ne suis pas certaine, quant à moi, qu'à leur place j'aurais pu résister à la curiosité.

Au début de nos démarches, nous étions encore parisiennes alors, nous avons fait du tourisme. D'autant que, hasard du calendrier ovulatoire, les premières inséminations ont eu lieu le week-end. On partait toutes les deux en voiture : Bruxelles, Bruges, Knokke-le-Zoute... Évidemment, à la longue, le voyage perd de son charme. Et le jour J ne tombe pas forcément un samedi ou un dimanche. En outre il faut se loger. Et, sans vouloir sombrer dans un matérialisme mesquin, l'hôtel, les chambres d'hôtes, ça coûte cher. La première fois, pour fêter ça, on s'est offert un hôtel de luxe dans le centre de Bruxelles. Après on est allées dans un Formule 1 de banlieue... Depuis, on a appris qu'un couple de Bretonnes expatriées propose le gîte et le couvert, à un tarif d'amies, aux petites Françaises dans notre genre (adresse sur demande...).

À l'occasion de l'un de ces premiers week-ends, emportée par l'enthousiasme, j'ai quelque peu dépassé la vitesse autorisée sur les autoroutes belges. J'ai vu dans mon rétroviseur un motard qui me serrait de très près et j'ai encore accéléré pour le laisser passer... Le motard m'a fait des gestes de plus en plus furieux. J'ai fini par comprendre – merci Astrid ! – qu'il s'agissait d'un flic. Tout juste s'il n'a pas sorti son flingue pour me faire garer sur la bande d'arrêt d'urgence. Quand j'ai ouvert la fenêtre avec mon sourire le plus niais et le plus contrit, il écumait. Je devais avoir l'air sincère (d'ailleurs je l'étais en partie), il s'est calmé aussitôt. Ce n'était pas le mauvais cheval au fond. Mais il fallait quand même qu'on paie, sur-le-champ, une amende de 2 000 F (français ; je ne traduis pas en euros, à cette lointaine époque les francs, français et belges, avaient encore cours). On a eu beau suggérer qu'il pouvait nous envoyer la facture à la maison... Il fallait payer là maintenant, tout de suite, sinon la voiture était saisie là, maintenant, tout de suite, et vendue dans les huit jours si on ne revenait pas avec les sous. Arguments plus que convaincants, mais nous n'avions pas cette somme sur nous. Qu'à cela ne tienne, le motard allait nous accompagner jusqu'au distributeur de billets le plus proche... Il gardait les papiers de la voiture, bien sûr (encore un miracle que nous ayons pensé à les emporter, ceux-là). Arrivées au distributeur, surprise, le retrait est refusé. Plafond dépassé. Évidemment d'aucune a oublié son sac et la carte Bleue qu'il y a dedans ! On retire ce qu'on peut, on essaie de parlementer avec le représentant de la royale maréchaussée. Toujours rien à faire. Il nous conduit à un autre tire-fric. Même topo. On ne tente même plus de négocier. On racle les fonds de boîte à gants, on ajoute tout ce qu'on a de francs français.

Il manque encore l'équivalent de 50 balles. Elliot Ness commence à se laisser attendrir. Mais pas sûr que son chef l'entendra de la même oreille. On reprend l'autoroute dans l'autre sens. Le chef s'est installé sur un parking, plein de voitures en instance de saisie, toutes immatriculées à l'étranger... Magnanime, il finit par nous laisser partir délestées de 1950 F. La plaisanterie a duré deux heures. Et le prix unitaire de l'IAD vient encore de grimper.

L'argent ne fait pas le bonheur

Je pourrais, un jour de cafard, m'amuser à calculer le prix de la minute d'insémination, tous frais compris. Car l'IAD est remboursée en Belgique pour toutes les femmes, goudoues itou. Malheureusement nous ne sommes pas belges... Car l'IAD est remboursée en France pour toutes les femmes hétéros en couple. Malheureusement... Le billet de train n'est remboursé pour personne. Sauf à entrer à la SNCF. Mais on fait déjà assez compliqué comme ça ! Donc, en toute grossièreté, on raque ! Parce que voilà, être lesbienne interdite d'IAD dans son pays, ça demande de l'argent, beaucoup d'argent. Toutes choses égales par ailleurs, nous sommes un peu dans la situation des femmes qui, avant 1975, allaient avorter en Grande-Bretagne. Comparaison bien déplaisante en vérité, qui nous fait parfois, par amère plaisanterie, parler de « filière belge ». Cette loi qui nous exclut a pour effet principal d'alléger le déficit de la Sécu (pour nous rien n'est remboursé) et d'engraisser la SNCF... Mais certainement pas de nous empêcher de faire des enfants. C'est incroyable les sacrifices financiers que l'on peut consentir pour avoir des enfants. Je me demande si l'argument financier a jamais arrêté personne. Si des filles, par manque d'argent, se sont plutôt orientées vers la coparentalité (voir « Zigounette et pilou-pilou sont dans un bateau »), solution qui a l'avantage d'être gratuite. L'argent nous préférerions ne pas y penser. Ne pas être en mesure de calculer combien nous ont « coûté » notre première fille, et la deuxième, et ce troisième enfant qui s'annoncera bientôt, j'espère. Côté finances, nous sommes juste juste en ce moment, et à envisager le voyage de Bruxelles, la pression monte, forcément. Et pourtant, qu'y a-t-il de plus étranger au désir que l'on a d'un enfant que ces euros qui s'accumulent ?

Donc, une insémination combien ça coûte, au minimum, dans le grand hôpital public où nous allons ? Dans l'ordre, converti approximativement en euros, pour le premier enfant de chacune de nous deux : deux heures de consultation avec la psychologue, soit 30 euros ; une consultation avec le gynéco qui prescrit les examens, 15 euros ; lesdits examens, ouille ! : sérologies diverses, dosages hormonaux en rafale, caryotype, et j'en oublie sans doute. On a chaque fois été obligées de les faire pratiquer en Belgique. Essayez de faire un caryotype en France avec une ordonnance belge et vous comprendrez... Coût : environ 305 euros. Jusque-là rien de remboursé. Sauf à connaître en France un ou une gynéco vraiment sympa qui prend le risque, puni par la loi, de vous fournir des ordonnances. Et la loi n'y va pas avec le dos de la cuiller à pot dès qu'il s'agit d'« activités non autorisées d'aide à la procréation » : deux ans d'emprisonnement, 30 000 euros d'amende aux termes de l'article 511-22 du Code pénal... En outre le contrevenant court de gros risques d'être rayé de l'ordre des médecins, ce qui signifie qu'il peut chercher un autre job, puisqu'il n'aura plus alors le droit d'exercer. Il est pourtant des médecins assez généreux pour porter assistance aux réprouvées que nous sommes. Je leur dis ici toute ma gratitude et mon admiration. Quoi qu'il en soit, pour nos deux premiers enfants, nous n'en connaissions point de ces gynécos-là.

Invocation suivante dans la litanie des examens, l'hystérosalpingographie, radio destinée à vérifier la perméabilité des trompes de Fallope. J'ai oublié le prix, mais ça c'est remboursé, puisque par chance les radiologues sont médecins, donc prescripteurs. Plus trois quarts d'une boîte de cinq tests d'ovulation par mois (52 euros la boîte), en moyenne. Plus une participation forfaitaire d'accès à la banque de sperme, valable jusqu'à la réussite des inséminations : 600 euros si mes souvenirs sont bons. Voilà, ça, c'est le minimum. Hors frais de transport et d'hôtel...

Six mois passent. La fleur, au bout du fusil, a bien perdu de sa fraîcheur. L'angoisse monte. Un petit tour chez la psy pour se rassurer, 15 euros. On continue. À la huitième ou neuvième boîte de tests d'ovulation, le médecin sort la grosse artillerie : ovulation détectée par des prises de sang quotidiennes, ou peu s'en faut, à partir de J 13, c'est-à-dire, pour les non-initiés, treize jours après les règles. Quelquefois jusqu'à J 17... Prix unitaire, 92 euros. Suivant les résultats, on arrive parfois à convaincre le toubib de se dispenser d'une analyse ou deux parce qu'on n'a toujours pas trouvé le gynéco vraiment sympa qui... On se sent minables, face à la science, avec ses considérations de gros sous. Échographie le jour de l'ovulation pour une ultime vérification... 46 euros, remboursés cette fois, puisque cet examen relève aussi du radiologue. Et le spectre de la fécondation in vitro qui s'avance. Ça coûte combien une FIV ? Est-ce qu'on pourra ? On n'a pas eu besoin de se renseigner, ouf.

Nous sommes allées dans un hôpital public, qui n'a pas vocation à faire du profit. Dans les cliniques privées, ce n'est pas la même chanson. Je n'ai nulle intention d'établir de statistiques comparatives du prix de l'IAD par établissement et par pays. Deux exemples seulement, parmi d'autres, pour montrer à quoi nous avons échappé. Une clinique belge réputée : 1 500 euros environ pour trois inséminations, sans compter les analyses et tout le toutim... Une clinique espagnole : plus de 1 000 euros par insémination. *No comment.*

La « procédure »

Comme je l'ai déjà mentionné, l'IAD a beau être un acte d'amour, elle manque un chouia de romantisme. Il est des bébés qui naissent dans les choux, d'autres dans les roses, les nôtres doivent la vie à un cathéter, auquel mène un long chemin, qui a pour doux nom « procédure »... Du désir fou d'enfant au cathéter, récit.

Donc, on a beaucoup réfléchi. On veut des enfants. Désormais on sait techniquement de quelle manière. Mais ça se pratique où, une IAD ? On a vaguement entendu dire que, dans le nord de l'Europe... On prend alors contact avec une association nommée l'APGL, l'Association des parents et futurs parents gays et lesbiens, qui, justement, à l'occasion de l'Europride, en 1997, tient à Paris un colloque consacré à l'homoparentalité. On se rend à un débat, fort intéressant par ailleurs, et on essaie de pêcher des adresses. On peut le dire maintenant que nous en sommes des membres actives, l'APGL ne nous a pas fait alors une impression canon. On a commencé par coller au train d'une minette qui a fait comme si elle ne nous voyait pas. Il est vrai que nous avions assez mal choisi notre moment, et qu'en cet apéro post-colloque elle avait bien d'autres chats à fouetter. Seule, j'aurais, c'est probable, renoncé ce jour-là. Mais ma petite femme, une fois qu'elle a pris une décision, n'est pas de celles qui remettent au lendemain ce qu'elles auraient pu faire la veille. Taïaut ! La pauvre représentante de l'APGL n'avait aucune chance. On ne peut pas dire que cela l'ait mise dans d'excellentes dispositions à notre égard... À moins qu'elle ne soit tout simplement d'une nature revêche ? Toujours est-il qu'elle n'a pas été franchement accommodante. Et quant aux renseignements qu'on lui demandait, elle nous a opposé un « paie ta cotise, après on voit ». Nous, prêtes à tout : « D'accord, on veut bien payer. Et ensuite ?

– Ensuite, il faut venir à des réunions conviviales. » (Si, si, conviviales !)

– D'accord, on veut bien venir à des réunions conviviales. C'est quand la prochaine ?

– Au mois d'octobre, peut-être.

– Mais on est en juin ! » Six mois, c'est trop long quand on a déjà réfléchi si longtemps : « OK, on verra. Mais on peut faire ça où, une IAD ? »

– En Belgique, finit par lâcher la fille à bout.

Très bien, merci et salut.

« Allô, les renseignements internationaux ? » C'est comme cela que nous sommes arrivées dans le grand hôpital bruxellois qui nous donnera bientôt notre troisième enfant. Par le standard. Plus exactement, c'est Astrid qui y est arrivée, rendons justice à son énergie et sa détermination.

On a pris rendez-vous avec une gynéco très sympa qu'on n'a hélas jamais revue. C'est comme ça dans les hôpitaux publics, on ne choisit pas son médecin. De toute façon elle a changé de service, ou d'hôpital. Cette dame charmante nous a indiqué « la procédure » : 1) Prendre rendez-vous pour un entretien de deux heures avec la psychologue du service de fertilité. 2) Attendre l'accord de l'équipe, qui décide collectivement d'accepter ou non les candidats. 3) Faire la batterie d'examens qu'elle nous prescrit. Et voilà. Fastoche ! On prend rendez-vous avec la psy. Je crois me souvenir qu'on l'a vue en août. Il faisait une chaleur peu courante en Belgique. Elle était enceinte. Cela nous est apparu comme une promesse aussi merveilleuse qu'irréelle. Alors moi aussi, très bientôt ? Nous aussi on va avoir un enfant ? Ce sentiment d'irréalité ne m'a pas quittée jusqu'à la naissance d'Augustine, longtemps, très longtemps après. Je la regardais dans son berceau, à la maternité, et je me disais, incrédule : « C'est moi qui l'ai faite, vraiment ? »

L'entretien psychologique terrorise nombre de candidates à l'IAD. Comme s'il s'agissait d'un examen scolaire, auquel il fallait donner les « bonnes réponses ». Peut-être parce que nous avions derrière nous plusieurs années de psychanalyse, nous l'avons pris comme une discussion ouverte, un moment pour faire le point, recueillir un avis sensé sur le « rôle du père », par exemple. Cette rencontre a été enrichissante à nombre de points de vue. Rassurante et agréable. Nous n'étions plus des goudoues égoïstes animées d'une idée bizarre, voire dangereuse. Nous étions un couple en désir d'enfant qui demandait de l'aide. Ni plus ni moins que le couple composé d'un homme et d'une femme que nous avions vu quitter le cabinet de la psychologue un peu plus tôt. Je ne sais pas bien comment définir cette attitude que nous avons retrouvée par la suite chez toutes les personnes du service de fertilité. Pas de la tolérance, non, en ce que ce mot trimbale de charité bien-pensante. Ou alors une tolérance dénuée du sentiment de supériorité qui l'accompagne d'ordinaire. Du naturel, peut-être. Tout bêtement. L'homosexualité ne fait pas question. Ce qui fait question ici, c'est l'enfant. Le désir qu'on en a, la place qu'on lui fait. De notre point de vue, l'entretien psychologique a pour but de s'assurer que les futurs parents ont bien envisagé quelques questions simples, très simples. Par exemple, que vont-ils dire à leur enfant sur sa conception ? Dans notre cas, comment voyions-nous la question du père, justement ? Nos parents étaient-ils au courant de notre homosexualité, comment vivions-nous le fait d'être lesbiennes ? Des choses dans ce goût, dont on a du mal à imaginer qu'on n'y ait pas réfléchi avant de se trouver dans ce bureau. Évidentes. Et pourtant, combien en avons-nous rencontré depuis des couples homos qui s'apprêtent à faire des enfants alors même qu'ils cachent leur situation à presque tout leur entourage... À la fin de l'entretien, la psy nous a dit que, pour autant qu'elle pouvait assumer seule une décision en théorie collégiale, notre demande était acceptée. Restait à attendre l'avis officiel. Il est arrivé six mois après, qui nous ont paru longs, longs, longs.

Pour notre deuxième enfant, nous sommes retournées voir la psychologue. C'est « la procédure ». Elle n'est pas totalement inutile sans doute. Ne serait-ce que pour vérifier que nous vivions bien toujours ensemble, que nous étions toujours dans les mêmes dispositions. L'entretien n'a duré qu'une heure. Nous étions venues avec Augustine, qui avait alors quelques semaines. Nous avons surtout parlé d'elle... Elle a dormi tout le temps. Juste avant le rendez-vous, Astrid l'avait changée dans les toilettes de l'hôpital, et elle avait fait pipi sur le bel ensemble que nous lui avions choisi pour l'occasion. C'est en pyjama qu'elle a vu la psy, car nous avions quand même pensé, cette fois-là, à prendre un vêtement de rechange... J'étais furax. Et pourquoi est-ce qu'on avait emporté un pyjama et pas une jolie petite tenue ! On avait l'air de quoi à balader notre fille en pyjama en pleine journée ! De mauvaises mères, oui madame, pas loin ! C'est fou ce que je monte dans les tours bêtement parfois. D'autant qu'il était mignon tout plein ce pyj... Mais on pétait d'orgueil de venir présenter notre trésor, et même cette tragique affaire de pyjama n'a pas réussi à tout gâcher. Dans le train, on regardait les autres passagers d'un air extatique, sans voir que les regards qu'ils nous jetaient n'étaient pas d'envie, mais d'angoisse. Genre « Oh ! non, pas un nouveau-né dans le wagon ! ». Comme nous avant, quoi ! Maintenant, c'est les téléphones portables qu'on regarde de cette façon...

Puisqu'on avait déjà notre pépette pour nous occuper les mains et l'esprit, la réponse de l'hôpital nous a paru plus rapide. Je ne sais plus si elle l'était dans les faits. Astrid dit que si, nettement.

Pour mettre en route notre troisième, nous avons refait une visite à la psy. On avait l'impression d'aller prendre le thé avec une vieille copine. Une formalité d'une demi-heure, cette fois. Nous avions emmené Assia et des kilos de cerises de notre verger, puisque c'était la saison. Tant qu'à venir de si loin, autant apporter des produits exotiques... Comme la fois précédente, nous avons présenté notre merveille à tout le service. Elle a eu presque autant de succès que les cerises. Avec la psy, nous avons surtout parlé de notre vie de famille. À la fin de la conversation, j'ai demandé quel serait le délai de réponse cette fois-ci. « Mais vous pouvez commencer les inséminations tout de suite si vous voulez. » Et elle a ajouté, pour notre plus grande satisfaction, que si nous, nous n'obtenions pas l'accord, on se demande qui l'aurait ! On n'a pas osé lui faire préciser si sa remarque incluait les couples « normaux ». Mais au fond de nous on en est persuadées, ce qui est bien l'essentiel.

Il semble que désormais les temps d'attente soient beaucoup plus longs, parce que la demande est beaucoup plus importante. Il faudrait compter un an au bas mot pour une première IAD. La goudoue française se jette sur le sperme belge ! Doit-on craindre une rupture de stock ? J'ignore si les Belges, lesbiennes ou non, sont servies les premières...

J 12

Une fois la candidature acceptée, tout va très vite. Tout peut aller très vite. On détermine soi-même le jour J en faisant pipi sur un test d'ovulation quelques matins judicieusement choisis en fonction de la longueur du cycle menstruel. Quand le test bleuit, on appelle l'hôpital pour fixer un rendez-vous le lendemain, et c'est parti. On revient pleine d'espoir, en faisant semblant de ne pas y croire trop fort. Parfois ça marche. Pour Assia, Astrid était enceinte au deuxième essai. Parlons donc de moi pour avoir un tour d'horizon plus complet.

Pendant douze jours, on essaie d'oublier, de ne pas calculer quand doit tomber le moment de vérité. On n'y arrive pas. Douzième jour : en général la survenue des ragnagnas ne vous laisse même pas le temps des illusions. Mais parfois ils débarquent le treizième jour, en fin de soirée... Retéléphone : « Je suis entrée en cycle. » Traduction : « C'est encore raté, j'ai mes règles. » « Un instant je vous prie, je vais chercher le dossier. Vous êtes réglée depuis quand ? » Ça, c'est une particularité du parler belge. La première fois, j'en suis restée interdite. Je ne voyais vraiment pas ce que la date de mes premières règles venait faire là-dedans. D'autant que je ne m'en souviens pas, moi, de ce moment fatal où je fus faite femme. Ça n'a pas dû me traumatiser... Mais non, en bon français médical hexagonal, cela se traduit par : « Date de vos dernières règles ? » Pas des premières ! (Cela dit, en anticipant quelque peu, la date des dernières règles est vraiment à apprendre par cœur quand on est enceinte. Le regard courroucé des secrétaires médicales quand vous êtes obligée de la chercher dans votre agenda ! C'est vrai quoi, toutes les femmes savent ça, enfin ! Encore bien beau que vous l'ayez notée... Personnellement, ce n'est pas le genre d'informations que je m'acharne à retenir en temps ordinaire. Mais comment donc font celles qui conçoivent des enfants par la méthode naturelle et qui ne sont pas, elles, obligées de garder en permanence un œil sur le calendrier ?) Donc, j'indique la date en question. « Au revoir, à bientôt. » Et c'est reparti pour un tour.

Deux ou trois fois, peut-être, j'ai fait un test de grossesse le douzième jour après l'insémination (à J 12 en termes techniques), ainsi qu'on me le demandait. Avantage : on ne rêve pas longtemps. Inconvénient : on ne rêve pas longtemps et en plus ça coûte la peau des fesses. J'ai rapidement obtenu de m'en dispenser. Récemment, le jeune homme qui a pratiqué l'IAD (j'ai du mal à écrire « qui m'a inséminée », cela vous a je ne sais quoi d'à la fois intime et bovin), que j'ai immédiatement catalogué comme jeune interne prétentieux – quoiqu'il ne fût pas totalement antipathique –, m'a dit d'un ton docte de pratiquer un test à J 12. J'ai essayé de parlementer : « Mais, d'habitude... » Mon discours rodé d'ancienne combattante. Rien à faire, m'a-t-il rétorqué, c'est LA PROCÉDURE. Bon, alors, si c'est la procédure... Je n'avais aucune intention de le faire ce test. Je ne l'ai pas fait, d'ailleurs. Et lorsque j'ai téléphoné le treizième jour pour dire que c'était raté (pas trop tragique, ce n'est que ma deuxième visite), personne n'a protesté...

Cot cot codec !

Entre deux ratages, la vie continue, tant bien que mal. Pendant une petite quinzaine, on essaie d'oublier tout ce qu'on sait de « la procédure ». Et puis un matin (le test ovulatoire, comme le chagrin, est du matin), l'œuf est là. Il n'attend plus que le gentil spermatozoïde qui viendra le féconder. On dispose de vingt-quatre heures pour lâcher tout ce qu'on fait et sauter dans le train pour Bruxelles. Car l'insémination, lorsqu'on habite loin et qu'on ne peut pas se présenter à l'hôpital le jour même, se fait le lendemain du pic d'ovulation, directement in utero. Vingt-quatre heures, ça laisse le temps de s'organiser...

On annule le rendez-vous super-important qu'on avait eu la bêtise de prendre en se disant que ce jour-là il n'y avait aucun risque, que c'était bien trop tôt, ou trop tard. (Amies aux cycles menstruels réguliers, vous ne connaissez pas votre veine !) On pose un lapin à son employeur en plein bouclage du journal sous un prétexte foireux, foireux. Ma réputation de professionnelle sérieuse en a pris un coup. Mais bon, il faut ce qu'il faut ! Et encore, je travaillais de manière irrégulière, en CDD ou en piges. Le plus souvent, je n'ai eu qu'à prétexter que je n'étais pas libre. Comment font les nanas qui ont un boulot fixe ? J'en connais une qui a carrément démissionné pour être tranquille. Mais celles qui ne peuvent pas se le permettre ? Ce n'est vraiment pas de gaité de cœur que j'aurais informé mon patron de mes petits voyages mensuels. Sans compter que la législation du travail ne prévoit pas de congés pour IAD. Et qu'on ne peut pas partout attendre une grande mansuétude de sa hiérarchie...

Il n'y a pas que le boulot dans l'existence, il y a aussi les mariages, les week-ends chez des amis, les fêtes de famille, les invitations à dîner, Noël, les vacances... L'angoisse quand il faut décider longtemps avant si l'on ira ou non. L'incertitude ne concerne que quelques jours chaque mois, mais chaque mois la période fatidique se décale. Ou plutôt non : il arrive qu'elle se décale. Décalera, décalera pas ? Et de combien ? Impossible à calculer. Alors quoi ? Dire non à toutes les invitations ? Se dérober sans explication sérieuse ? Mettre tout le monde au courant de ses projets utérins et de ses problèmes de fertilité ? Non, respirer un grand coup en se disant qu'on aura peut-être de la chance, pour une fois, et qu'après tout il n'y a pas mort d'homme si l'on n'assiste pas au mariage du cousin. On n'a jamais songé à renoncer à une insémination. Je crois qu'on aurait eu l'impression de renoncer tout court. Parce que, forcément, c'est cette fois-là que ça aurait marché, si seulement j'y étais allée... Réflexion faite, passer un tour nous aurait peut-être aidées, au contraire, à prendre un peu de recul. Je ne sais pas.

Une certitude : si on avait fait moins de mystères, notre vie aurait été plus simple... Pourtant, on a préféré se compliquer l'existence que de voir tant de gens envahir notre intimité, que d'avoir à répondre « ben, non, toujours rien » à un tas de balourds bien intentionnés. Dans ce rôle-là, on avait déjà certains de nos amis les plus proches... Mais à eux il sera beaucoup pardonné.

On l'appellera Désirée ou Dieudonné

Donc, on l'aura compris, avoir un enfant dans ces conditions, ce n'est pas exactement simple. Et en plus, parfois, ça ne marche pas. On n'est alors plus seulement une goudoue qui veut un enfant, mais une femme qui ne parvient pas à en avoir. La fameuse procédure n'est pas sans ressources, mais elle se complique. (Et au passage on a de plus en plus mal au porte-monnaie. Voir à ce chapitre.) D'abord, on laisse tomber le test au pipi. Direction le laboratoire d'analyses pour des prises de sang qui permettront de détecter le pic d'ovulation sans aucun risque d'erreur. Deux, trois, quatre jours de suite. Quelquefois plus. J'ai songé à demander une carte de fidélité à ma biologiste. J'allais toujours au même endroit, sinon je serais passée pour une camée avec mes petits trous partout sur les bras.

J'ai établi un hit-parade des meilleurs piqueurs du labo. Là non plus, on ne peut pas choisir. Le corps médical et paramédical ne vous laisse pas beaucoup le choix d'une manière générale. On prie pour que ce soit le gentil petit pédé tout doux qui s'y colle, mais on se tape la grosse dame blonde qui vous transperce le bras avec un grand sourire même pas sadique.

Tous les jours, on faxe les résultats à l'hôpital. Fastoche ! Sauf que : nous n'avons pas de fax ; que pour un labo français, faxer des résultats à l'étranger, c'est trrrrrrrès compliqué – si la secrétaire n'oublie pas ; que les résultats doivent impérativement arriver à Bruxelles avant quatre heures de l'après-midi et que, pas de chance, une partie des analyses doivent être réalisées dans un autre labo parce que celui-ci ne possède pas le matériel ad hoc. J'ai fait tellement travailler ce labo-là qu'il a fini par s'équiper, pensant sans doute tenir une rente à vie. Non, je suis vache, le personnel était vraiment très sympa. La preuve, j'ai offert des fleurs à la secrétaire quand je me suis trouvée enceinte pour la première fois. Trois mois plus tard, je perdais le bébé. Je n'ai pas eu le cœur de tenter le sort la deuxième fois. Mais on est venues lui présenter Augustine juste après sa naissance. Elle a hurlé à sa collègue qui grabotait au sous-sol : « Viens voir, c'est intéressant ! » Ça fait plaisir. Je n'ai pas profité de la fameuse machine, j'étais enceinte d'Augustine deux semaines avant qu'elle soit livrée. Depuis, on a déménagé... C'était gentil quand même !

Pour être tout à fait certaine que les résultats étaient parvenus à leur destinataire bruxellois, je devais, au minimum, téléphoner au labo pour vérifier qu'ils étaient bien partis, puis appeler la Belgique pour m'assurer qu'ils étaient bien arrivés (quiconque s'est jamais servi d'un fax comprendra pourquoi) et recueillir l'avis de l'homme ou de la femme de l'art : « Faites une échographie demain » ou « Recommencez les analyses demain ». Au minimum. Car la plupart du temps la gentille secrétaire du labo à qui j'allais plus tard offrir des fleurs me disait : « Ah ! non, tiens, c'est curieux, le coursier n'a pas encore apporté les résultats qui nous manquent. Ne quittez pas, je me renseigne. Allô, je n'arrive pas à joindre la personne. Est-ce que vous pouvez rappeler plus tard ? » Ou alors : « Si, si le fax est parti il y a plus d'une heure. Comment ça ils n'ont rien reçu ? » Et coup de fil dans un sens, et coup de fil dans l'autre. Et la pression qui monte. Surtout quand on appelle d'un bureau, paysager de surcroît, où dix personnes derrière les plantes vertes profitent de votre intéressante conversation. Surtout quand le service de fertilité ne dispose que d'une seule ligne téléphonique littéralement assaillie d'appels et se trouve donc quasi injoignable. Vingt fois on raccroche, on recommence pour entendre à nouveau le signal occupé. Et l'heure qui tourne : bientôt il sera trop tard. Très très mauvais souvenir.

Heureusement, je travaillais déjà beaucoup à la maison à l'époque. Cela simplifiait un peu les choses. Sans compter qu'Astrid prenait le relais quand vraiment je ne pouvais pas appeler. Elle devait alors s'éclipser de l'atelier de son patron sous un prétexte quelconque. Il était sympa de la laisser filer, quand j'y pense. Comme au jeu, elle a toujours eu beaucoup plus de chance que moi : en général, en deux-trois coups de fil l'affaire était dans le sac. Si cela doit se reproduire ici, où elle et moi travaillons à domicile, ce sera plus facile, à n'en pas douter. Ce n'est pourtant pas sans angoisse que je l'envisage. J'ai fait le plein de stress téléphonique pour plusieurs années. Et puis ici, les labos qui pratiquent ce genre d'analyses ne poussent pas sous le pied d'une mule. Trente kilomètres aller-retour à prévoir. Soixante-dix pour les échographies, étape suivante du chemin de croix de « la procédure » des infertiles.

Lorsque le pic d'ovulation est enfin détecté, l'échographie vient confirmer les analyses sanguines et indiquer le nombre et la maturité du ou des œufs. Prendre rendez-vous, déjà, en expliquant que non, on ne peut pas venir la semaine prochaine. Que c'est demain, et le matin encore. On poireaute, puisqu'on passe entre deux rendez-vous. Un petit coup de fax à nouveau, même cirque que pour les analyses. Téléphone, itou. Et le verdict : « Venez demain » ou, rarement : « Play it again Sam ! » Et nouvelle écho, et nouveaux coups de fil… Et le tout, ne l'oublions pas, avec des ordonnances belges (voir « La filière belge ») sur lesquelles le personnel médical jette un regard soupçonneux en se demandant si ce sont bien des vraies ou si, des fois, vous ne les auriez pas volées. Mais on s'habitue à tout, même aux ordonnances belges. Assez rapidement, les filles du labo et de l'écho me disaient : « Qu'est-ce qu'on vous fait aujourd'hui ? » Alors, ma p'tite dame, une permanente, comme d'habitude ?

La « filière belge »

Tête de la nouvelle secrétaire du labo ! « Qu'est-ce que c'est cette ordonnance ? » Car elles sont bien particulières les ordonnances de notre hôpital belge. Préimprimées, pleines de petites cases à cocher, elles ne passent pas inaperçues au milieu des gribouillis à en-tête des médecins français. Au premier coup d'œil, il n'est pas aisé de distinguer dans cette masse quels sont les examens demandés.

Et allez ! : « Et pourquoi vous faites ça en Belgique ? » On a tout de suite l'air d'une délinquante en puissance. Face à cette question, je suis toujours restée le plus évasive possible. C'est pénible à la longue d'être obligée de raconter sa vie à tout un chacun. Mais à l'usage encore plus gênant de bafouiller des explications vaseuses sans mentir vraiment. J'ai horreur de mentir, ce doit être un vestige de mon éducation catholique. Par omission, ça m'est un peu plus facile, mais à peine. Pourquoi est-ce que je vais en Belgique ? Eh bien, euh, disons, euh, parce que je ne peux pas faire ça en France, voilà. Et bonjour l'affreux sentiment d'être hors la loi. Je suis sûre que c'est l'impression que je donnais à mes interlocuteurs, celle d'une affaire pas très nette. Pourtant rien ne nous interdit d'aller concevoir nos enfants en Belgique, rien de rien ! Les actes médicaux réalisés avec des ordonnances belges, s'ils ne sont pas remboursés par la Sécurité sociale française, n'en sont pas illicites pour autant.

Maintenant je le dis sans fard pourquoi je vais en Belgique. Probablement parce que d'avoir deux petites filles si heureuses m'a donné une assurance sans faille en la légitimité de notre démarche. Et que je leur dois, pour leur bien-être, d'assumer clairement mes choix, nos choix, à la face du monde. Quoi qu'il en coûte à ma discrétion naturelle et quitte à ramasser à l'occasion des réflexions désagréables et des têtes de six pieds de long.

Je vais en Belgique parce que je suis lesbienne et que je ne peux pas faire d'IAD chez nous, voilà. En France, la loi nous interdit la procréation médicalement assistée, vous ne le saviez pas ? Non, la secrétaire du labo, la biologiste, l'échographe, ne le savent pas. Obnubilée par mes soucis de conception, j'ai mis un bon moment à en prendre conscience. On a toujours tendance, je suppose, à oublier qu'on fait partie d'une minorité. Mon amour pour Astrid, nos dix-sept ans de vie commune, et maintenant nos deux – et bientôt trois – enfants sont à ce point inscrits en moi que je n'en ressens plus aucune surprise. Je ne suis pas un phénomène de société, je suis une mère et une femme amoureuse comme une autre. J'en oublie que l'écrasante majorité des gens ne partagent pas leur vie avec une personne du même sexe, n'ont pas d'enfants avec (oui, avec) et selon toute vraisemblance ne connaissent d'homos que par la télévision ou par ouï-dire. Ils ignorent tout des lois de bioéthique et de nos problèmes spécifiques de goudoues, ne savent pas que nous sommes obligées de nous débrouiller à l'étranger pour avoir des enfants, et d'une manière générale ne se sont jamais demandé si nous avions nous aussi envie d'être parents ni comment c'était réalisable. On ne peut pas leur en faire reproche : chacun ses soucis. Par certains aspects, toutefois, cette ignorance me remplit d'aise : ils ne savent pas parce qu'il n'imaginent pas une seconde que les choses puissent être différentes pour nous – et pourquoi diable le seraient-elles ? Une fille, dont l'amie vient d'accoucher, me disait il y a peu que plusieurs de ses collègues de travail lui avaient demandé si elle avait l'intention de reconnaître l'enfant... Elle trouvait cette question exaspérante (car c'est impossible, bien sûr...). Je la trouve formidable, puisqu'elle signifie qu'aux yeux de ses interlocuteurs cette femme serait fondée à reconnaître cet enfant au même titre qu'un père. N'est-ce pas extraordinaire ?

Avec le développement et la médiatisation croissante de l'homoparentalité, l'information, un jour ou l'autre circulera mieux. Il n'en est pas moins vrai que la conception, la grossesse et l'accouchement sont encore très largement une affaire de papa-maman, même – et peut-être surtout – pour ceux dont le métier est lié de près ou de loin à la naissance. Face à une femme enceinte ou qui désire l'être, le premier réflexe n'est pas de penser qu'elle est goudoue ! D'abord parce que cela ne se lit pas sur notre figure, Dieu merci, et ensuite parce que ce n'est pas le cas le plus fréquent statistiquement. À nous de dire, d'expliquer. Et plus largement de raconter, de montrer nos amours et nos familles heureuses. Si je dois recommencer la galère des analyses à répétition, je serai très claire.

Un coup pour rien

Après dix mois d'attente de plus en plus désespérée, le miracle : je suis enceinte. On n'y croyait plus. Serait-on allées jusqu'à une fécondation in vitro (FIV) pour moi alors qu'Astrid pouvait prendre le relais et essayer à son tour de nous faire un enfant ? On a préféré mettre la tête dans le sable, se dire qu'on n'en était pas là. D'ailleurs, on n'en était pas là, puisque j'étais enceinte ! Ces dix mois qui nous ont paru interminables n'ont cependant rien de très exceptionnels, compte tenu notamment de mon âge pour ainsi dire canonique (trente-cinq ans !). Ainsi, en France, pour les couples hétéros donc, on n'entreprend aucun traitement contre la stérilité avant une année complète de vaines tentatives. Dans notre entourage, on connaît plus d'un couple homme-femme qui s'était résigné à la FIV ou à l'adoption (chez eux, personne pour prendre le relais ! Goudoues : 1 ; hétéros : 0 !) lorsque le petit Désiré s'est enfin annoncé.

Enceinte ! Je me suis jetée sur ma gynéco, qui a sans succès tenté de me convaincre qu'il n'y avait pas le feu au lac pour prendre rendez-vous. Après la gynéco, vite la maternité ! Celle qu'on visait est tellement courue qu'il était urgent de ne pas attendre ! (Je n'avais, cela dit, pas complètement tort dans ma hâte : aujourd'hui il est prudent de s'inscrire dans cet établissement au premier jour de grossesse si l'on veut être sûre de trouver une place, ce qui est aussi hasardeux que dans une crèche parisienne... C'était un peu moins vrai à l'époque, et l'on pouvait presque sans risque attendre la fatidique première échographie.) Dûment répertoriée, ma grossesse prenait corps, en attendant que le mien de corps n'affiche plus ostensiblement son nouveau statut. Ordonnance pour l'échographie de la douzième semaine en poche, je suis repartie sur un petit nuage.

J'ai presque tout oublié de cette première fois où j'ai été enceinte. Cette sensation de plénitude, l'intense satisfaction de porter au creux de soi ce secret bientôt révélé, je les recrée des souvenirs de ma deuxième grossesse, celle qui nous a donné Augustine. Je sais que j'ai dû éprouver ces joies, mais ma mémoire en a perdu la trace ou peu s'en faut. Le deuil a fait son travail. La douleur si intense de la perte, dont j'avais cru ne jamais me remettre, elle aussi s'est effacée. Non pas que je nie cette première fois où j'ai porté un bébé, si brièvement que cela fût, non pas que j'en refoule toutes les émotions. Cet enfant qui n'est jamais né a marqué ma chair et mon esprit pour toujours. Nos esprits plutôt, bien que ma chair ait été seule en cause.

« Tu en auras d'autres. » Combien de fois l'ai-je entendu cet argument qui se veut consolateur et ne console de rien. « Tu oublieras, tu en auras d'autres. » Insoutenable. Inacceptable. Ma sœur, qui a perdu in utero un enfant à terme, a dû l'entendre aussi. On ne peut pas dire une chose pareille à une femme qui pleure son espoir d'enfant. Et pourtant, pourtant, j'ai manqué la dire il y a peu à une amie. Parce que c'est vrai, je le sais maintenant, terriblement, horriblement, vrai. On n'oublie pas exactement, non, mais l'enfant vivant prend le pas sur la mort.

Je raconte avec les bribes de souvenirs qui me restent, sans demander l'aide d'Astrid. En émergent la neige qui tombait à gros flocons mouillés lorsque j'ai quitté le cabinet de gynécologie toute pleine de l'enfant à venir, et la selle trempée de mon vélo. L'inscription à la maternité. Un rien de gêne, ou d'inconfort, comme si j'affabulais. Moi ? enceinte ? De fierté aussi. Enceinte. Ça vous pose une femme.

Et puis trou de mémoire ; plus rien jusqu'à presque dix semaines après. Un matin, un peu de sang, à peine, dans le lit. Je suis seule. J'appelle la gynéco. Elle me dit que ce n'est pas forcément grave, que cela arrive, de prendre rendez-vous d'urgence tout de même avec l'échographe. Je prends rendez-vous. J'appelle Astrid pour lui dire que j'ai pris rendez-vous. Elle dit qu'elle me laisse y aller seule, qu'elle ne peut pas quitter son boulot. Elle n'est pas inquiète. Je ne dis rien. Je crois que ça m'est égal qu'elle ne vienne pas. Elle rappelle : elle vient. Je ne sais plus ce que je sentais. Rien peut-être, ce serait bien mon genre d'enfouir mes sentiments sous une couche de glace si le risque de souffrir est trop fort. Je suis nulle en souffrance. J'ai été prise d'un fou rire à l'enterrement de ma grand-mère. Je n'ai pleuré qu'après. Les larmes sont venues sans prévenir, asphyxiantes. La douleur ça vous étrangle, comme le rire.

Dans la salle d'attente de l'échographe, il y a une dame férocement enceinte . On regarde son ventre Astrid et moi. Le père est là aussi. Il a l'air un peu bêta. Je ne sais pas ce que je sens. L'échographe nous dit tout de suite que le cœur du bébé ne bat plus. Astrid éclate en sanglots. Moi, non. Je ne sens rien. L'échographe dit que la fausse couche ne se déclenchera que dans quelques jours. Qu'on a le temps de s'organiser. Qu'il vaut mieux prévoir une intervention médicale. Ça se pratique à la maternité. Si. On prend le métro. Je ne pleure pas. Comme si cette nouvelle ne me concernait en rien.

La nuit je me réveille. Je perds du sang. Je mets une serviette hygiénique. Un quart d'heure plus tard je la change. Astrid s'est rendormie à côté de moi. Je ne la réveille pas. Tous les quarts d'heure je change la protection périodique. Je finis par mettre une serviette de toilette. Je perds mon bébé par petits bouts. On dirait du foie de génisse. Je crois que je me rendors un peu. Au matin le futon est tout taché. On appelle la maternité. On y va. On a la curieuse idée de prendre le métro. À mi-parcours on doit chercher des toilettes, car la serviette hygiénique est noyée. On n'en trouve pas dans la station.

On reprend le métro. Le sang coule par la jambe de mon pantalon et mon entrejambe est tout rouge. Les gens me regardent bizarrement. À la maternité on me suit à la trace dans les couloirs. Je m'excuse de tout ce sang auprès de la toubib qui m'examine aux urgences. Elle est adorable. Elle s'appelle Zoé. Elle est black. Elle dit qu'on va me monter au bloc. Astrid doit attendre dans le couloir. Je ne pense même pas à demander qu'elle soit près de moi, qu'elle me tienne la main et m'appelle son amour, sa tendre. On me fait une anesthésie locale, et le médecin, un homme, passe l'aspirateur dans mon utérus qui se répand. Ça fait mal. On me conduit jusqu'à un lit où je dois me remettre de l'anesthésie. Astrid est là. Tout le monde est très gentil avec nous. Astrid part me chercher des vêtements propres. J'essaie de dormir et je n'y arrive pas. Je lis *Libé* de fond en comble. Je voudrais partir. Je pense à l'échographe qui nous avait dit qu'on avait le temps de s'organiser. Je la déteste de m'avoir fait vivre ça, mon bébé qui part en lambeaux dans les toilettes.

On rentre chez nous. Je tente de consoler Astrid. Elle répète que c'est injuste, injuste. Je dis que la justice n'a rien à voir avec tout cela. Que c'est comme ça, voilà. Que notre bébé est mort. Et tout à coup je pleure. Je téléphone à ma mère. Je lui apprends en même temps ma grossesse et ma fausse couche. Quelques jours plus tard, elle m'informe que ma belle-sœur elle aussi a fait une fausse couche. On voudrait se sentir moins seules dans notre détresse, c'est pire. Elle et mon frère attendaient cet enfant depuis des années. Je pleure, je pleure, je pleure. Je pleure pendant des semaines. On pleure. On pleure dès qu'on se regarde. Astrid pleure dès qu'elle voit un enfant dans une poussette. Je pleure dès que je vois un enfant dans une poussette. On fait un détour pour ne pas traverser le square plein d'enfants qui se trouve à côté de chez nous. On pleure. On pleure dès qu'on voit une femme enceinte. Il y en a partout.

Après avoir gardé le silence sur nos visites en Belgique et sur ma grossesse, on informe la Terre entière, ou presque, du désastre. Pour pouvoir pleurer tranquillement. Il faut que ça sorte. On pleure toute la flotte de notre corps. Une amie à qui on vient de dire notre fausse couche s'écrie : « Mais c'est génial ! » Hein ? Pardon ? « C'est génial que vous vouliez avoir un enfant ! » Une délicatesse bien à elle... Elle pense que si ça a marché une fois, ça remarchera. Variante du « Tu en auras d'autres ». Je l'étranglerais volontiers. Tant d'optimisme lourdingue me laisse sans voix. Et ma douleur, bordel ! Je veux qu'on la respecte, qu'on me plaigne ! Je veux pleurer toute ma vie. Je veux avoir mal, mal, mal et encore mal ! Tiens, de la colère ? Est-ce que ça commencerait à aller mieux ? Est-ce qu'elle n'aurait pas un peu raison l'indélicate amie ?

Je le savais bien qu'elle avait raison, puisque longtemps avant cette conversation, juste après la catastrophe, j'ai voulu reprendre les inséminations, tout de suite. Mais il fallait attendre que le corps et l'esprit se remettent. J'ai oublié combien de temps : deux mois ? quatre mois ? six ? Une éternité.

On a cessé de pleurer. On s'est offert une semaine de randonnée dans le Sahara. Pour fêter ça, j'ai eu mes règles en plein milieu du séjour. Je vous passe les détails du sable qui s'infiltre partout, de l'odeur du sang menstruel par 40 °C à l'ombre (mais d'ombre, point), de l'absence d'eau pour se laver. J'en ai ri. Oui, ça allait mieux.

Jules et Roberta

Je ne suis pas repartie outre-Quiévrain la fleur au fusil, non. Je crevais de trouille. Ne me demandez pas pourquoi, contre toute logique, j'étais désormais persuadée d'être stérile. (J'ai bien maintenant une vague idée de la réponse, mais elle relève de l'intimité du cabinet du psychanalyste, dont j'ai à cette occasion repris le chemin. Je me réserve le droit de ne pas vous en faire part. Je ne dis dans ce livre que la vérité, mais je ne la dis pas toute, je ne lève pas la main droite et je ne dis pas « Je le jure ».) Je venais d'avoir la preuve flagrante que j'étais fertile, et pourtant j'étais convaincue que ce quasi-miracle ne se reproduirait pas. J'étais condamnée à prendre chaque mois le train pour Bruxelles jusqu'à la ménopause, qui seule me délivrerait de mon acharnement imbécile. Ça fait toujours du bien d'exagérer. La ménopause, n'importe quoi ! C'est faux, archifaux, je n'ai jamais pensé une chose pareille. N'empêche, j'étais suffisamment mal pour accepter l'idée de retourner chez un psy. Mais de divan, pas question ! Je ne voulais pas m'embarquer dans une nouvelle affaire au long cours avec un lacanien mutique (pléonasme...). D'abord je n'en avais pas les moyens, le lacanien mutique étant cher par définition. Je me moque, mais qui aime bien châtie bien : Jules (c'était son petit surnom secret), Jules, je te dois beaucoup. Mais là, des années après, j'avais seulement besoin d'une aide ponctuelle pour passer un cap difficile. Une amie m'a donné les coordonnées d'une dame spécialisée dans les questions d'enfantement, de stérilité réelle ou supposée, de grossesse. Elle avait un nom de personnage de roman, que je suis obligée de vous taire. Sachez que, pour moi, elle a toujours été Roberta. Pour n'être pas lacanienne, elle n'était pas lacanienne ! Dès la première séance, elle a parlé plus que ce brave Jules dans toute sa carrière... Du coup elle a dit aussi des conneries, fatal, puisque seul le silence est d'or. J'avais cependant parcouru assez de chemin avec mon Julot pour être capable de faire la part des choses et de l'apprécier à sa juste valeur, qui est grande.

Quatre voyages à Bruxelles plus tard, j'étais enceinte. Est-ce Roberta qui m'a emmenée vers ma deuxième grossesse ? Je ne saurais le dire. Mais elle a révélé en moi tant d'angoisse liée à l'enfantement que j'ai continué à la voir une fois par semaine jusqu'à la naissance d'Augustine. L'analyse, ou l'art de la maïeutique, au plein sens du terme... Merci Roberta.

Pomme z

Pomme z, pour les non-initiés, c'est, sur un ordinateur Macintosh, la manœuvre qui permet d'annuler une action pour revenir à la version précédente. Eh bien, en matière de grossesse, ça ne marche pas... Avant même d'être tout à fait certaine que j'étais enceinte à nouveau, j'ai rêvé que je faisais une fausse couche. Cela, je m'en souviens très bien pour le coup. Nous étions sous la tente, en vacances dans les Dolomites. Quatre jours s'étaient écoulés depuis le moment où j'aurais dû avoir mes règles. Quatre jours à essayer de ne pas aller faire pipi pour n'avoir pas à répondre à la question muette d'Astrid. Quatre jours à y aller tout le temps pour vérifier que non, toujours rien, à guetter le moindre rosissement. Astrid était convaincue que j'étais enceinte. Moi, saint Thomas refusant de se rendre à l'évidence. Je hais l'incertitude. Elle me déstabilise. Plus ou moins selon son motif, mais en l'occurrence, à mort. Ma raison plaidait pour la grossesse, tout plaidait pour. On aurait pu acheter un test de grossesse dans une pharmacie à Cortina d'Ampezzo, mais les résultats ne sont pas fiables à cent pour cent. S'ils disent oui, c'est oui, mais s'ils disent non, c'est peut-être oui quand même. Inutile d'aller en rajouter dans l'angoisse. Nous n'allions toutefois pas interrompre nos courtes vacances pour, après avoir traversé l'Italie en apnée, nous jeter sur un laboratoire d'analyses en France : complètement idiot ! On reste, on randonne, c'est pour ça qu'on est venues. Au passage : c'est une région magnifique quoique beaucoup trop fréquentée à notre goût. Parvenir à faire pipi dans la montagne sans montrer ses fesses à un car entier de retraités allemands relève de l'exploit à l'état pur ! Alors quinze fois par jour...

Toutes les nuits je rêvais que je faisais une fausse couche. Trois jours plus tard, on a jeté l'éponge : vite la France, un labo ! Ne parlant pas italien, il me paraissait insurmontable de m'adresser à une officine locale... Astrid, qui me connaît plus que bien, n'a même pas tenté de me convaincre de l'ineptie de ce point de vue. Une fois prise la décision de rentrer, mes cauchemars se sont calmés pour un temps.

Tout ça pour dire que l'innocence de ma première grossesse était perdue à jamais. Il fallait vivre avec le poids du passé, bien obligée. Néanmoins, curieusement, une fois la chose avérée par une prise de sang bien de chez nous, j'ai retrouvé une certaine sérénité, qui tout au long de ces neuf mois n'a cessé d'accompagner mes angoisses.

Il paraît que vingt pour cent des grossesses environ sont interrompues par une fausse couche. C'est beaucoup vingt pour cent. On a une chance raisonnable d'y échapper, mais aussi un risque non négligeable d'y passer. D'autant que la proportion augmente avec l'âge. Pourtant, d'information là-dessus, que pouic. En outre, ce n'est pas un accident dont les femmes parlent volontiers. Ce n'est qu'après l'avoir vécu que j'ai découvert qu'un nombre relativement important de minettes autour de moi étaient passées par là. Pour une deuxième grossesse, le taux est exactement le même. Là, pour le coup, injustice suprême, on repart à zéro. Fausse couche tu as faite, fausse couche tu feras peut-être. Je ne sais pas comment je me serais remise d'une seconde perte. Je dis seconde, car il n'y aurait pas eu de troisième pour la bonne et simple raison que j'aurais renoncé à porter un enfant. Mais en suis-je si sûre, au fond ? La bonne vieille théorie de l'engagement me dirait plutôt l'inverse : tu as mis la main dans l'engrenage, tu peux bien y laisser ton bras, au point où tu en es. J'ai d'ailleurs plusieurs exemples de femmes qui n'ont pas renoncé après deux, voire trois fausses couches et pire : grossesse extra-utérine, fœtus mal formé, etc.

Malgré les cauchemars que j'ai faits, souvent, j'ai connu, je l'ai dit, neuf mois d'une sérénité étonnante. D'une sérénité béate. L'archétype de la femme enceinte comblée. Je suis donc de ces femmes que la grossesse épanouit ?... Curieux mélange de béatitude et de terreur. Peur – peur au ventre, oui – d'une fausse couche, ou d'un bébé handicapé, et pourtant une joie inextinguible de porter mon enfant tout au creux de moi.

Cette schizophrénie gravidique a atteint son comble lorsque ma sœur, qui devait accoucher quelques semaines avant moi, a perdu son bébé à un mois du terme. Elle a dû accoucher, accoucher par les voies naturelles, d'un bébé mort. On ne pratique pas de césarienne dans ce cas. C'est inimaginable, d'une cruauté sans nom. Nécessaire paraît-il pour préserver le ventre en vue des grossesses futures (quel optimisme sadique !) et permettre le travail de deuil des parents. À quelques semaines d'accoucher moi-même, j'appréhendais dans ma chair toute l'horreur de cette perte, puis de cette « naissance » comme si de rien n'était. Une nouvelle fois, je ne pouvais plus m'arrêter de pleurer. Astrid non plus.

Ils ont appelé le bébé Pierre. Il a une tombe à son nom dans un petit cimetière de montagne. Mon bébé bougeait dans mon ventre. J'en concevais autant de bonheur que de culpabilité. Ou l'inverse. L'horreur inconcevable de l'enfant mort de ma sœur ne parvenait pas à effacer mon sentiment de plénitude. Il s'y juxtaposait. Cruel mélange, joie horrible. J'étais dévastée pour ma sœur, terrorisée pour mon bébé – j'ai couru à la maternité faire un monitoring inutile pour vérifier qu'il allait bien –, et cependant, heureuse. Heureuse à mort si je puis dire.

Ma sœur et son mari ont eu un autre enfant, un bon gros poupard à l'énergie qui dépote. Il a quelques semaines de plus qu'Assia.

Philo à quatre sous

J'ai appris de ma fausse couche, et plus encore du décès de Pierre, qu'on ne peut séparer la vie de la mort, et qu'à donner la vie, on donne forcément la mort. À plus ou moins court terme, mais fatalement. Considérations un rien neuneus et tautologiques, mais qui, je pense, me permettent aujourd'hui de laisser mes filles grandir en paix. J'ai accepté le fait que je ne pouvais pas les protéger de tout, qu'un jour, le plus lointain possible, elles allaient mourir, comme moi. On en connaît tous de ces familles étouffantes où les parents suffoquent d'angoisse en permanence à l'idée qu'il arrive quelque chose à leur enfant. Ne cours pas, tu vas tomber ! Mets ton bonnet ! Tu as bobo ma chérie, on va aller faire une radio. Tu es sûre qu'il n'a pas de température ?... On ne bouge plus. Sarkozite familiale aiguë, risque zéro et lutte à mort (encore elle...) contre l'insécurité. Et au passage, adieu joie de vivre. Car vivre, c'est prendre un risque. Sans risque plus de libido, dit d'ailleurs Françoise Dolto, qui n'a pas écrit que des âneries.

Ne m'envoyez pas la DDASS, je ne suis pas une mère indigne pour autant. Seulement une grande trouillarde qui se soigne. On est encore très très loin de l'inconscience. Vraiment, doit-on coller un casque à un enfant qui apprend à marcher ? Et pourquoi pas aussi un protège-dents et des genouillères ? Le seul risque zéro, tout bien considéré, c'est la mort. Je me souviens d'un livre dont le héros hypocondriaque disait à sa femme : « Si je meurs... » Ce à quoi elle répondait : « Non, quand tu mourras... » C'est cette évidence que ma fausse couche, puis l'enfant mort-né de ma sœur m'ont fait toucher du doigt, l'inéluctabilité de la mort, pour soi et pour les autres. J'en suis, bizarrement, soulagée.

Malgré toute la peur accumulée, je n'ai pas vécu la grossesse d'Astrid dans l'angoisse. Je, toute seule, car ma chérie n'a pas, de toute manière, de ces états d'âme existentiels, la veinarde. Au moins n'a-t-elle pas, cette fois, subi les miens ! Lors de ma prochaine grossesse aussi j'aurai moins peur, je pense. J'espère. Je ne m'avance pas.

À la lecture de ces lignes, ma chère et tendre proteste vigoureusement qu'elle n'est pas le monstre d'insensibilité que je laisse croire. Ce n'est pas du tout, mais alors pas du tout ce que je prétends. Ces événements l'ont affectée tout autant que moi, et au concours du litre de larmes versées, je ne sais qui l'emporte. Simplement, elle n'est pas d'un naturel angoissé. La veinarde ! je persiste.

Chérie, et si c'était un garçon ?

« Et vous préférez quoi, un garçon ou une fille ? » On nous a interrogées pour notre premier enfant. On nous a interrogées pour le deuxième. On a fini par s'interroger aussi, fatal. Et jusqu'au bout, puisque, résistant aux sirènes de l'échographie, nous nous sommes chaque fois ménagé la surprise jusqu'à la naissance. Fille ou garçon, on s'en fichait en fait. Pour le deuxième enfant, on s'était d'abord dit qu'un petit frère, ce serait bien pour notre poupette. Mais au fond on s'en tamponnait, vraiment. D'ailleurs une sœur, c'est top ! D'aucuns nous ont bien fait remarquer que cette maison manquait d'hommes, mais si le gynécée s'agrandit d'une troisième, voire d'une quatrième rejetonne, parfait. D'autant que si c'était un mec, les gens se mettraient à parler de notre famille au masculin, ce qui quelque part me fane le teint, considérant que le féminin l'emporterait largement en nombre. Et puis les filles, ce n'est pas nous qui dirons le contraire, c'est super ! Au moins on ne se demandera pas à quel âge il faut leur apprendre à faire pipi debout ! Un petit mâle nous laisserait un rien perplexes, je crois, nous qui sommes si loin d'avoir dévoilé, sinon les charmes, du moins les nombreux mystères de ces messieurs. Et que dire du risque qu'entouré de tant de femmes notre fils ne devienne un affreux pédé ? Blague à part, un petit gars nous verrait un peu désemparées – mais pas plus cependant –, car notre savoir en matière d'hommes est assez livresque. Quoique je ne sois pas certaine que la majorité des femmes hétéros, malgré une fréquentation plus assidue, en sache plus que nous. Nos amis et connaissances mâles seraient sans aucun doute d'excellent conseil pour répondre à toutes les questions stupides que nous pourrions nous poser. Info de dernière minute : le petit Philémon, à trois ans et demi, fait pipi assis. Il a eu l'air bigrement surpris qu'on puisse procéder autrement. Il fait aussi très bien la différence, beaucoup mieux que nous, entre une tractopelle et un bulldozer... Autre info capitale : en Allemagne, il est très mal vu pour un homme de pisser debout, ça salit les toilettes... Vérité en deçà du Rhin, erreur au-delà. Comment voulez-vous qu'on s'y retrouve ?

Gros ego et descente d'ego

Au nombre des bénéfices de la grossesse – moraux, j'entends –, il en est un que l'on passe trop volontiers sous silence, peut-être parce qu'il ferait fâcheusement concurrence à la gare de Perpignan : le ventre de la femme enceinte, ergo la propriétaire du ventre elle-même, est au centre de l'univers. Momentanément, certes, mais quel plaisir que de pouvoir se laisser aller à se regarder le nombril sans scrupule ! Être l'objet de toutes les attentions, ou légitimement outrée de ne pas l'être : « Non, mais tu as vu ça, pas un pour me céder sa place dans le bus, les salauds ! Et qui est-ce qui va la payer leur retraite, c'est pas mon bébé peut-être ! » Et ma chérie : « Tu veux que je demande à quelqu'un de se lever, tu es fatiguée ? » Moi, grosse mais digne : « Non, non, laisse tomber, on ne va pas bien loin. »

Cela dit au passage, et sans vouloir faire de sexisme, ces messieurs sont les plus réticents à se bouger le train. Pas vu pas pris, je regarde de l'autre côté. Les transports en commun sont plein d'hommes jeunes et fatigués absorbés par le fascinant spectacle de la rue, ou plongés, les yeux au ciel, dans une profonde méditation. Neuf fois sur dix, c'est une femme qui se lève. Passons.

Hors la jungle des transports en commun, le monde entier rivalise de gentillesse. Une chérie aux petits soins, des amis aux petits soins, et encore le gynéco, la famille, les collègues de boulot, les futurs grands-parents, les copains des futurs grands-parents. Et même la boulangère qui dit à peine bonjour d'habitude, et le banquier... Vous n'étiez rien, socialement parlant, ou si peu, vous voilà tout, ou presque. L'avenir de l'humanité soi-même, la providence des caisses de retraite. L'ego gonfle en proportion du bidon, forcé. À tous les sens du terme, on est une personne d'importance. Certaines nanas l'ont bien compris qui soulignent d'un foulard voyant l'état plus ou moins avancé de leur protubérance. On ne peut pas leur en vouloir. Tant d'ostentation n'est pas dans ma nature. Mais j'ai tort, bien tort, ça marche à fond dans les bus !

Toute à son nombril proéminent, on se croit aussi seule de son espèce qu'une adolescente amoureuse. Oh ! comme il est désagréable alors de croiser d'autres femmes enceintes, à la maternité par exemple ! Derrière une façade complice, une discrète rivalité s'installe. Plus grosse ? moins grosse ? Les apparences sont souvent trompeuses. Tu en es à combien de mois ? Ah, c'est tout ? Tu as dépassé le terme ? Hou là ! on ne joue plus dans la même cour. Regards d'admiration – et d'effroi – pour celle qui bientôt connaîtra le baptême du feu. Et pourtant elle ignore, la naïve au premier enfant, et on l'ignore avec elle, qu'elle va dégringoler brutalement de sa position avantageuse. Lorsque l'enfant paraît, la mère disparaît ! C'est brutal, vraiment. On a été choyée, coucougnée, considérée pendant neuf mois, on nous a apporté des fraises en plein hiver et des huîtres les mois sans R (c'est plein de fer, excuse toute trouvée) et tout à coup, pfuitt, la baudruche se dégonfle, et tous les regards convergent vers le nouveau ou la nouvelle venu(e). On a beau trouver son bébé le plus beau que la Terre ait jamais porté, on l'a quand même un peu saumâtre. Vidée, au physique comme au moral, on est de plus sommée d'afficher un bonheur sans faille. Pensez, on est devenue mère ! On est épuisée, on a des pierres à la place des seins à cause de la montée de lait, on ne peut plus s'asseoir à cause de la cicatrice de l'épisiotomie, on a trop de visites, ou pas assez, le bébé se réveille quand on voudrait dormir, il pleure toute la nuit après avoir roupillé tout le jour, les hormones de grossesse, dites aussi « hormones de la béatitude », en profitent pour tirer leur révérence, et il faudrait par-dessus le marché afficher un sourire d'extase ! C'est ce qu'on fait pourtant, et avec sincérité encore. Les voies du baby-blues sont décidément impénétrables.

Ma femme est enceinte

Attendre un enfant sans être enceinte soi-même n'est pas aussi satisfaisant du point de vue de l'ego. Quoiqu'il y ait un plaisir narcissique indéniable à être celle qui coucougne, qui porte les packs d'eau et les pianos demi-queue – véridique, car si ma douce n'est pas déménageuse de pianos, il lui est arrivé d'en restaurer. Nous avions ce jour-là réquisitionné trois jeunes et beaux pompiers de la caserne voisine pour nous aider. Nous avons apprécié le coup de main à sa juste valeur...

Le transport de pianos, c'est l'autre face de l'ego, celle de la sainte abnégation : « Je suis tellement heureuse de m'être démonté le dos pour toi, ma chérie. Ménage-toi. Est-ce que tu ne devrais pas aller te reposer ?, etc. » Ah, comme on se sent indispensable ! Cet ego-là, correctement flatté, n'est pas sans charmes, les futurs pères en conviendront, je suppose, même s'ils manquent, et pour cause, de points de comparaison. Et toc ! Chers hétéros, si vous saviez combien il est bon d'échanger les rôles ! De sentir dans sa chair ce que votre amour a senti. De savoir ce qu'elle ressent lorsque le bébé bouge. De pouvoir dire : « Est-ce que ça te fait ça, ou ci ? Ah bon, pas toi ? » On compare, on glose sur les nausées matinales, les féroces envies de dormir des débuts de grossesse ou les insomnies de la fin, la pommade antivergetures au graphite qui noircit les soutifs, la taille des seins et du ventre. Bref, on se vautre avec délectation dans des conversations de gonzesses. Comme avec les copines, sauf que là c'est avec sa femme, ce qui change tout.

Résultat des courses et résumé comparatif : Astrid enceinte était nettement moins béate que je ne l'étais moi, sans doute parce qu'elle est d'un caractère beaucoup moins contemplatif. De plus elle a eu mal au cœur des mois durant, ce qui n'incite pas à la béatitude. Alors que je me laissais aller à la fatigue sans vergogne – moi qui n'avais plus fait la sieste depuis l'âge de trois ans, j'ai roupillé l'âme en paix presque tous les après-midi sur le canapé du salon –, elle refusait de rendre les armes. Elle ne tenait plus debout tellement elle avait mal aux jambes, mais j'ai dû insister lourdement pour qu'elle s'arrête de travailler un peu plus tôt que prévu – je rappelle qu'elle est ébéniste, profession qui ne pratique pas le fauteuil de bureau. Ce n'est pas pour rien qu'on la surnomme « Madame Plus »...

Néanmoins, une fois ce problème de jambes réglé par un prompt congé de maladie, elle a fait preuve d'une forme impressionnante. C'est ainsi qu'elle a commencé à poser le carrelage de la salle de bains la veille de son accouchement. Et à sept ou huit mois de grossesse, son énorme ventre ne l'empêchait pas d'attaquer vent du bas les pentes de nos balades dominicales, tandis qu'à ma grande honte je peinais à suivre, chargée seulement du poids plume de notre fille aînée installée dans un sac à dos. Certes, moi aussi j'étais fatiguée, puisque c'est précisément l'époque où Augustine trouvait follement drôle de s'éveiller vers une heure du matin (le pire moment, ça vous fauche dans votre premier sommeil) pour ne se rendormir que vers trois heures et demie. Et comme je n'allais quand même pas laisser une femme gravement enceinte se lever au milieu de la nuit... Elle profitait quand même de l'animation nocturne, la pauvre, et côté fatigue, on a bien donné toutes les deux à cette période.

Il n'y a pas à dire, porter notre premier enfant était nettement plus reposant ! À la loterie des femmes enceintes, j'avais tiré le bon numéro. Façon de parler : on n'a pas joué l'ordre d'apparition à pile ou face. On aurait pu. Ou non, je n'en sais rien. L'aventure de la grossesse me tentait peut-être plus. Mais cela nous était un peu égal en réalité, l'essentiel c'était l'enfant, pas celle qui le porterait. Notre enfant. Ça reste vrai. Même si la grossesse n'est pas cette formalité que nous pensions. Nous y avons pris goût. Moi avec ma béatitude quasi bovine, et Astrid en râlant comme un putois. J'ai ouvert le bal surtout pour des raisons professionnelles, car ma chérie venait de commencer un nouveau job et se voyait mal planter un congé-maternité d'entrée à son gentil patron.

Quoi qu'il en soit, l'idée que la deuxième à être enceinte n'en profiterait pas comme la première ne nous avait pas traversé l'esprit. Pas une seconde. C'était une perspective bien trop lointaine. Nous avions déjà du mal à nous imaginer avec un bébé, alors avec deux... Notre première grossesse a occupé tous nos instants : « ventrocentrisme » aigu, si l'on me passe ce néologisme, miracle de Noël, merveille des merveilles, et puis du temps, du temps, du temps à revendre pour ne penser qu'à ça. Pour la deuxième, ça n'a pas été la même chanson : fouitch, un météore, on ne l'a pas vue passer. Tous les parents de deuxièmes (et de troisièmes et de quatrièmes..., la vitesse du météore est exponentielle, c'est à craindre) peuvent en dire autant. Une petite fille qui avait dix-huit mois à la naissance de sa sœur, ça occupe bien les journées et les esprits. Terminé Balzac le temps ! Et ça ne va pas aller en s'arrangeant pour le troisième. Parfois il me vient une violente nostalgie, et des regrets pour tout ce temps qu'on a gaspillé lorsqu'on avait si peu à faire, avant, dans notre autre vie, lorsque nous n'avions pas d'enfants. Heureusement qu'on a pratiqué l'haptonomie (voir à ce mot) aussi avec notre deuxième bébé, pour enfin ne s'intéresser qu'à Astrid, à son ventre et au bout de chou qui nous attendait dedans.

Je me souviens d'Astrid me disant qu'elle était sûre d'être enceinte à deux jours de retard de règles, la folle, et après deux inséminations seulement. Je me souviens d'Astrid perdant les eaux sur le fauteuil, devant la cheminée, cinq minutes après que mes parents étaient repartis chez eux à l'issue du dîner auquel nous les avions conviés pour tenter le sort... Ils n'avaient pas branché leur portable : ils ont fait trente kilomètres pour rien et sont revenus illico afin de garder Augustine pendant que nous filions ventre à terre (...) à la maternité. Entre les deux, je ne me souviens plus très bien. Beaucoup de moments très forts, c'est sûr, mais plus cette plénitude de la première fois. Quand même les séances d'haptonomie. Et, nettement moins agréable, la deuxième échographie et la toubib qui s'attardait, s'attardait sur le cœur. Une bonne femme à peu près aussi chaleureuse qu'un iceberg. Elle s'acharnait sur le cœur de notre bébé sans rien dire. Je ne sais plus laquelle de nous deux a craqué : « Il y a un problème ? » « Non, non », lui a répondu le glaçon un rien agacé par cette intrusion déplacée des parents dans son problème médical. Strictement médical. Fausse alerte, le cœur était en parfait état de marche. Il paraît qu'elle est bonne dans sa partie cette échographe. C'est sans doute vrai, mais on a changé de crémerie pour le dernier examen.

Quand je repense à cette grossesse, je revois souvent l'énorme bidon d'Astrid, qu'Augustine, ravie, avait un jour décoré d'une fresque au feutre. En définitive, notre Assia ne pesait que trois kilos et quelques à la naissance, mais elle baignait, semble-t-il, dans des litres et des litres de liquide amniotique. Une vraie piscine. Autre avantage donc d'attendre un bébé sans le porter, on ne se transforme pas en piscine gonflable et, ergo, on n'a pas de boudins à perdre péniblement après l'accouchement. Enfin, il faut le dire vite, car la fameuse couvade qui fait enfler le/la partenaire au rythme de la femme enceinte n'est pas tout à fait une légende...

Mère non porteuse

Lorsque nous nous sommes installées ici, dans la maison que nous venions d'acheter, Astrid était sévèrement enceinte. Et tout le village de penser, par un raisonnement dont la logique m'échappe, qu'elle était donc aussi celle qui avait porté la jolie petite Augustine. Expérience intéressante, quoique toute théorique alors, que de m'envisager comme mère non porteuse. Pendant un peu plus d'un an j'avais été LA mère – entendez biologique – de notre poupette. Ravie, comblée, enviée. Qu'en était-il d'Astrid, de son statut aux yeux du monde et de notre enfant? Augustine me réclamait la nuit et non pas elle. Était-ce la voix du sang qui criait ainsi à deux heures du matin? Mais non, arrête ta parano, vas-y toi, disais-je à ma douce, c'est pareil. Ce n'était pas pareil: je me levais en vouant aux gémonies la génétique et les poussées dentaires. On s'est longuement interrogées, rassurées, inquiétées. Astrid a tempêté – surtout le jour... –, pleuré, déprimé. J'ai affirmé que non, pas du tout, que c'était juste une question de présence, qu'elle travaillait toute la journée pendant que je faisais la femme au foyer à mi-temps. Alors fatalement, dans la petite tête d'Augustine, la mère c'était moi. Celle qu'on appelle quand on a mal, quand on est fatiguée, qu'on a faim ou peur: maman! Elle, Astrid, tenait un peu le rôle du père. Les limites, tout ça, le roc bien solide sur lequel l'enfant s'appuie pour découvrir le monde, l'ouverture aux autres. Mwouais... J'étais convaincante parfois, à défaut d'être totalement convaincue.

Et voilà que j'étais tout à coup « réduite », dans le discours du voisinage – aussitôt démenti, on a son honneur quand même –, à ce rôle de mère « par raccroc » que ma compagne avait endossé jusque-là. J'avais beau avoir la biologie pour moi: ouille! Je commençais à mieux comprendre les affres du second parent. D'autant que nous allions avoir sous peu notre deuxième bébé, dont je ne serai pas la mère officielle. Et de me ronger les sangs: ce bébé qui n'était pas du mien, de sang, est-ce que je l'aimerai autant qu'Augustine? En somme, y aurait-il du plaisir là où il n'y a pas de gènes? (Je ne peux pas résister à un mauvais jeu de mots. Je tiens ça de mon père. Est-ce génétique?) Et de toute façon, était-il possible de donner autant d'amour à un autre enfant? J'avais beau me dire que l'amour n'est pas une quantité divisible, mais qu'au contraire il croît et multiplie à l'infini, je balisais. Mais le plus comique, c'est qu'Astrid aussi balisait. Le dogme du biologique en a pris un coup. Il est des familles, j'en connais, où, tout désiré et biologique qu'il soit de part et d'autre – des familles hétéros, quoi –, le deuxième enfant peine à trouver sa place, voire fait carrément figure d'intrus. Pas chez nous !

Quand Assia a pointé sa petite bouille toute bleue entre les jambes d'Astrid, avant même qu'elle ne respire donc, j'ai su que je l'aimais. Je l'ai su comme une évidence, alors qu'elle n'avait pas encore fini de naître, qu'elle n'avait pour nous ni sexe ni nom. Depuis, j'ai eu beau gratter et regratter toujours plus profond mes sentiments maternels, je suis chaque fois arrivée à la même conclusion : j'aime mes filles aussi tendrement l'une que l'autre. Pas de la même manière, certes, parce qu'elles sont très différentes, mais aussi fort. Cela ne fait pas l'ombre d'un doute. Alors, j'ai fait plus vicelard – on est maso ou on ne l'est pas – en analysant mes réflexes. Genre : si les deux pleurent, vers laquelle cours-je d'abord ? Ou : la nuit, entends-je la plus petite toux d'Augustine alors qu'Assia peut s'égosiller en vain pendant que j'en écrase ? Débile. Affligeant. Lorsqu'elles pleurent ensemble, je vais vers l'une ou l'autre selon les cas. La nuit, j'entends l'une ou l'autre. Et si je n'entends ni l'une ni l'autre, c'est Astrid qui se réveille. Comme tous les parents. L'amour enfonce la biologie, c'est clair.

Assia a eu en outre la gentillesse de corroborer la « théorie de la présence » que j'essayais de faire avaler à Astrid depuis la naissance d'Augustine. Théorie de la présence, autrement nommée « les absents ont toujours tort » : « En cas de coup de Trafalgar, ou de simple coup de barre, un enfant, même nourrisson – à condition qu'il ne soit plus au sein –, se tournera plus volontiers, voire exclusivement, vers la personne qui est la plus présente à ses côtés au quotidien et que pour des raisons de commodité on appelle la mère. Cette personne peut parfaitement être un homme », *in* Myriam Blanc, *Dictionnaire encyclopédique de l'enfant et de la maternité*, une œuvre qui reste encore à écrire, mais qui fera date, n'en doutons pas !

Assia donc, une fois sevrée, a adopté la même attitude que sa grande sœur : sa môman, c'était moi. Au grand désespoir d'abord, puis au grand soulagement d'Astrid. Désespoir, on devine pourquoi : « Beuh, personne ne m'aime dans cette maison, pas même la chair de ma chair. Sniff, bouhouh. » Soulagement, on devine pourquoi aussi : la voix du sang était dans les choux ! Il a été bien facile de redresser le cap : tous les matins Astrid accompagne Assia chez sa nounou et Augustine à l'école, tous les mercredis après-midi elle s'occupe d'elles, avec jeux, cuisine et travaux manuels afférents. Et surtout, surtout, elle a cessé de douter de l'amour de ses filles et de sa propre capacité à en être aimée. Résultat, maintenant c'est parfois moi qui m'entends dire : « Non, pas toi ! » Cela me fait rire, même pas jaune : on a trouvé notre équilibre familial.

Cela me revient en me relisant : un de mes nombreux motifs d'angoisse lorsque j'attendais Augustine était : cet enfant que je porte, est-ce que je l'aime vraiment, au fond, tout au fond de moi ? Est-ce que je l'aimerai quand il sera né ? Des mois après sa naissance, et bien que je fusse confite d'amour pour elle, je m'interrogeais encore. On se torture comme on peut... Pour Assia, pas un instant je n'ai douté... Allez comprendre !

Haptonomie

On ne présente plus l'haptonomie. Il y a quelques années, je ne dis pas, mais aujourd'hui quelle femme enceinte n'en a pas entendu parler ? Il y a quelques années, donc, un premier couple d'amis nous avait parlé de cette méthode géniââââàle de préparation à l'accouchement. Leurs déclamations avaient suscité chez nous un intérêt poli, mais pour tout dire assez méfiant. « Ah oui ? Et en quoi ça consiste au juste ? » « Alors tu vois, le père – c'est souvent le père, hein, mais ça peut aussi être la deuxième mère, évidemment – touche le ventre de sa femme avec ses mains pour parler au bébé. Et le bébé lui répond, c'est géniââââàl ! » « Ah... On lui parle, il répond, bien sûr... » L'amitié c'est sacré, certes, où tu iras j'irai, etc., mais pour nous paraître fumeux, ça nous paraissait fumeux cette histoire. Je n'étais pas encore enceinte d'Augustine malgré tous mes efforts. On a oublié cette affaire de mains qui parlent. Et puis, plus tard, alors que j'en étais à quatre ou cinq mois de grossesse, un second couple d'amis... Leurs explications n'étaient pas beaucoup plus claires : des mains qui caressent et qui causent, le bébé qui comprend tout, et des superlatifs en veux-tu en voilà. Leur enthousiasme, aux uns comme aux autres, était communicatif. Nous ne comprenions pas tout, mais nous ne demandions qu'à nous laisser convaincre. Nous avions au moins retenu qu'il s'agissait de ménager une vraie place au second parent, celui qui, homme ou femme, ne portait pas l'enfant. C'était là une intention qui ne pouvait nous laisser indifférentes. À l'image de la plupart de nos amis hétéros. Ni plus ni moins. Ce souci, selon moi, devait plus à notre personnalité, à notre manière d'envisager la grossesse comme une affaire de couple, qu'à notre qualité de futures mères goudoues.

Sitôt décidé, sitôt fait : Astrid empoigne le téléphone pour appeler l'haptonomiste que nos amis nous avaient recommandée. Nous étions si bien persuadées de la légitimité de notre démarche que ma douce n'a pas songé, au cours de la conversation qui s'ensuivit, à préciser que nous étions deux femmes. Ce n'est qu'une fois le rendez-vous pris qu'elle a mentionné, en passant, notre situation « particulière ». Simplement pour que la dame ne soit pas surprise de voir arriver deux minettes où elle attendait un homme et une femme. Et là, blanc au bout du fil. Blanc éloquent. Blanc qui dure. Elle finit par bafouiller d'une voix tout aussi blanche qu'elle ne sait pas si elle peut nous prendre, qu'elle n'a « pas de pratique psychothérapeutique » (sic !), qu'on la rappelle dans quelques jours, qu'il faut qu'elle demande l'aval de la chef de file du mouvement en France, Catherine Dolto-Tolitch. J'ignore si elle l'a fait, car, cela va de soi, nous n'avons jamais repris contact avec elle. Notre coup de téléphone aura au moins eu le mérite de lui faire prendre conscience que ça existe « ces gens-là »...

La « pratique psychothérapeutique » nous a bien fait rire ; elle nous a aussi fichu un coup, on s'en doute. Qu'il y ait encore des gens, dans la sphère médicale de surcroît, pour penser que l'homosexualité est une maladie, c'est consternant. Notez que ce n'est pas une maladie incurable, puisque « psychothérapeutique » il y avait... Ou alors était-ce l'enfant à naître qu'il fallait soigner, préventivement, de l'affection de ses parents ? Aujourd'hui, je regrette qu'Astrid n'ait pas exigé d'explications à même de lever ce mystère. Je n'aurais pas fait mieux, entendons-nous. Pas à l'époque. Maintenant, peut-être. Quoique... On croit s'endurcir face à l'homophobie, mais les blessures sont plus profondes qu'on ne veut bien le reconnaître... Et chez moi, le sens de la repartie décroît à proportion...

Il nous a fallu quelques jours pour panser nos plaies puis retrouver quelque confiance dans les vertus haptonomiques. Ce n'est pas sans appréhension que nous avons appelé Samia. Elle ne nous avait été recommandée par personne (ouf!), mais figurait sur une liste de praticiens fournie par la maternité ; elle était tout près de chez nous.

Une fois de plus, c'est Astrid qui s'y est collée. D'entrée de jeu, elle a annoncé la couleur. Pour s'entendre répondre : « Ben oui, et alors ? Où est le problème ? »...

Dès notre premier rendez-vous, quand Samia, dans un éclat de rire, a raccompagné jusqu'à la sortie le couple précédent, avant même qu'elle ne nous parle, nous savions que nous avions frappé à la bonne porte. Quoi que puisse se révéler l'haptonomie, dont nous ignorions toujours presque tout, nous venions de faire, en la personne de cette petite femme aux longs cheveux noirs, une rencontre capitale. Elle irradiait, elle irradiait... je ne sais pas ce qu'elle irradiait au juste. L'amie qu'elle est devenue n'a cessé d'irradier, mais je serais bien en peine de cerner la nature de son rayonnement. Elle est de ces gens dont on dit qu'ils ont quelque chose, sans parvenir à le définir exactement. En sa présence on se sent en paix, forte, rassurée, ouverte, accueillante, aussi accueillante qu'elle. Même son physique est accueillant, généreux ; celui d'une princesse méditerranéenne, à la fois Vénus et déesse de la Fécondité. Une femme dans sa complétude. Elle rayonne. Je ne sais le dire autrement. Nous avons eu la preuve que nous n'étions pas complètement gagas quelques mois après, à la maternité. Samia, qui y travaillait, était venue nous faire un petit coucou après mon accouchement. Une de nos amies est arrivée, plutôt déesse nordique, elle, tête froide, pas de celles qui s'emballent pour un sourire. Samia lui a dit bonjour, c'est tout, puis s'est éclipsée. À peine la porte refermée, notre amie s'est exclamée : « Vraiment, elle a quelque chose cette femme ! Qui est-ce ? » Et pourtant elle s'exclame peu notre déesse nordique...

Nous voyions Samia tous les quinze jours. Nous attendions ce moment comme un cadeau, pas tant pour l'hapto que pour elle, Samia. Lorsque ma sœur a perdu son bébé, c'est Samia, que nous connaissions à peine, que j'ai appelée au secours.

Est-ce la pratique de l'haptonomie qui façonne ainsi des personnalités hors du commun ? C'est à croire, puisque notre deuxième haptonomiste, celle d'Assia – car nous avions entre-temps déménagé –, outre son sens impressionnant de la pédagogie, est elle aussi extraordinaire de douceur, de chaleur et d'écoute. À moins que ce ne soit l'inverse, que ces qualités d'attention à l'autre ne portent leurs détentrices vers l'hapto ? Car la plupart sont des femmes ; le féminin l'emporte donc pour une fois, tant pis pour la grammaire. Pour ce qui nous concerne, je ne suis pas certaine que le courant serait passé aussi bien avec un homme, mais allez savoir. Cela dit, on n'est pas goudoues par hasard, quand même...

Vous allez bientôt vous taper deux accouchements, je vous épargnerai donc le récit circonstancié de nos séances avec Samia... Juste un petit coup de flash pour expliquer à quel point l'hapto a compté pour nous. La scène se passe à notre premier rendez-vous. À gauche de mon bidon déjà rebondi, Samia frotte ses mains l'une contre l'autre pour les réchauffer. C'est tout Samia, ça : prévenante. Puis elle pose une main sur mon ventre, et sur le même ton duquel elle s'est adressée à nous, naturel et doux, elle se présente au bébé. Elle lui dit bonjour, tout comme elle nous avait dit bonjour à nous. Avec plus de tendresse cependant qu'on ne peut en offrir à deux adultes inconnues sans les terrifier. En tout cas rien de ce « parler bébé » que nous avons en horreur. Pour elle, sans l'ombre d'un doute, le bébé, même invisible, est une personne. Nous n'avons encore rien vu que nous avons déjà compris le principal : l'haptonomie est un échange d'égal à égal.

Samia avait posé la main, parlé, et le bébé avait bougé, j'en étais presque sûre. Samia a encore dit : « Bonjour bébé, je suis contente que tu viennes me voir. » Je ne m'étais pas trompée, alors ? Puis elle a pris la main d'Astrid et l'a posée à la place de la sienne. « Vous le sentez ? Il est là. » Nouveau mouvement du bébé, qui est venu se plaquer dans la paume d'Astrid. C'était net maintenant.

Et j'ai compris l'enthousiasme de mes amis. C'est le moment de sortir à mon tour ma réserve d'extraordinaire, d'incroyable, de fabuleux, de prodigieux, de fantastique. C'était tout cela. J'étais la petite fille que ses parents réveillent à minuit, le soir du 24 décembre, alors que le Père Noël vient de passer. Hagarde et émerveillée. Astrid a dit qu'elle avait envie de pleurer. Ce n'était pas la première fois qu'elle sentait notre bébé bouger, mais pour la première fois elle sentait, nous sentions, l'intentionnalité de ses mouvements, le désir de notre enfant d'être notre enfant, d'être avec nous, de nous caresser et que nous le caressions, de nous dire qu'il nous aimait, moi qui le portais et Astrid qui l'avait désiré avec moi. Nous étions un couple, la main magique de Samia nous a fait famille. Notre bébé était vraiment nôtre. Il nous avait reconnues et intronisées ses parents. Astrid notamment, dont l'amour, pour être absolu, n'en restait pas moins assez immatériel, comme celui d'un père. Lorsqu'on ne le porte pas, c'est surtout une idée de bébé qu'on aime, en particulier avant de l'avoir senti bouger dans le ventre de l'autre. Et même. Pour nous, l'haptonomie a été le moment de l'amour enfin partagé, le premier contact charnel voulu et reconnu de part et d'autre. Il y avait bien de quoi pleurer ! Je sens que je verse dans le lyrisme, tant pis, j'assume, le sujet mérite bien quelques violons.

De cette première vraie rencontre entre Astrid et notre enfant, j'étais l'actrice, puisqu'elle passait par mon ventre, mais peut-être surtout le témoin, celle qui mettait en présence, et en cela un peu extérieure. Aussi l'ai-je moins intensément vécue, c'est probable. Disons qu'elle ne fut pas pour moi l'absolu coup de foudre qu'elle fut pour les deux autres protagonistes, mais la manifestation tangible d'un amour déjà bien établi depuis le début de ma grossesse. Deux ans plus tard, lorsque j'ai à mon tour posé la main sur le ventre de ma femme pour rencontrer notre deuxième enfant, j'ai vraiment ressenti quel ébranlement c'était.

Petits conseils beauté-santé

Après l'illumination, retour sur terre sans transition. Car l'hapto a aussi ses aspects pratiques, voire prosaïques. Elle constitue ainsi une manière d'arme absolue contre le mal de dos récurrent qui afflige la femme enceinte. C'est moins poétique, mais non moins mystérieux au fond, puisque, outre un placement ad hoc du bassin tout ce qu'il y a de mécanique, on utilise en quelque sorte la télépathie. Je m'en suis beaucoup servie en fin de grossesse lorsque Augustine était installée un peu bas dans mon ventre, position très inconfortable, toutes les minettes vous le diront, surtout lorsqu'il s'agit de marcher. Je lui disais : « Remonte un peu mon bébé, s'il te plaît », parfois en joignant la parole à la pensée. Et flouff, elle remontait. D'accord, en général elle redescendait peu après... À cause de la gravité, ou parce que c'était plus agréable pour elle. Mais on ne peut pas dire qu'elle faisait preuve de mauvaise volonté : chaque fois que je la priais de se déplacer, elle s'exécutait.

Il y a peu, j'ai suggéré à une dame qui se plaignait de ce que son bébé la gênait de lui proposer gentiment de bouger. Elle m'a regardée comme si je venais de m'échapper de l'asile psychiatrique départemental. Vu la façon dont elle se tient, il y a fort à parier qu'elle n'ait pas essayé... J'ai mal quand je vois toutes ces femmes qui avancent à petits pas, les genoux à demi pliés comme des octogénaires arthritiques, une main sur les reins, l'autre tentant vainement de soutenir un ventre qui menace à chaque instant de leur tomber sur les pieds. C'est si facile d'apprendre à placer correctement son bassin et de souffler au bébé de s'installer plutôt au fond de l'utérus que sur l'avant ! Seul inconvénient, on a tout de suite l'air moins enceinte, et alors pour trouver une place dans le bus, macache ! Mais, au besoin, on arrive à simuler la mater dolorosa d'une manière assez crédible... Par exemple à la piscine, où à huit mois de grossesse on vient de mettre minable un monsieur dans la force de l'âge, de toute évidence peu entraîné, mais quand même ! Effet garanti sous la douche lorsqu'il réalise que vous êtes enceinte jusqu'aux yeux. On a de petites joies comme ça.

Un bassin bien placé, c'est aussi l'assurance, au moment de l'accouchement, que le bébé trouvera plus aisément son « chemin de naissance », comme on dit en langage haptonomique. Traduction : le passage par lequel l'enfant doit sortir n'est pas large large au niveau du bassin. Si l'ouverture de l'utérus est bien en face, ça glisse tout seul (enfin...). Personnellement, je trouve dommage que l'hapto s'encombre de ce jargon new age. On s'y habitue, mais quant à nous, il nous a toujours fait sourire. « Chemin de naissance » ! pourquoi pas « voie sacrée » ?

Pour la dernière séance avant le grand saut dans l'inconnu, j'ai nommé l'accouchement, Samia était venue accompagnée d'un affreux poupon en caoutchouc vêtu d'un pyjama à pieds taille naissance et prénommé Jojo. Il semble y avoir chez les haptonomistes un vrai marché pour ces poupées grandeur nature, puisque notre deuxième femme de l'art en possédait deux, tout aussi laides. Certes, si l'on y réfléchit bien, un nouveau-né, celui des autres j'entends, le sien c'est différent, n'est pas très joli non plus. Cela dit la laideur et le pyjama à pieds sont secondaires en l'espèce. Il s'agit seulement de figurer un nourrisson à peu près crédible. Leçon du jour : je porte mon bébé comme un être humain doté d'une certaine autonomie et pas comme un vase de Sèvres dont la police d'assurance laisse à désirer. Intention on ne peut plus louable, mais un sac à patates n'aurait sans doute pas produit sur moi un effet très différent de celui de Jojo et de ses successeurs. Je me sentais tarte et gauche au possible. Qu'est-ce que ça allait être avec un vrai bébé, à qui j'aurais, en plus, peur de faire mal ? Astrid avait beaucoup plus de tenue. Mais il faut dire qu'elle adorait jouer à la poupée quand elle était petite et qu'en outre elle est d'une habileté démoniaque. Moi avec mes dix pouces et mes deux mains gauches, j'avais peur de faire du dégât.

À l'usage, ces gestes me sont devenus aussi familiers qu'à elle, et je n'envisage plus de porter des bébés autrement. J'ai eu un peu de mal à m'y mettre pour Augustine, mais lorsque Assia est arrivée, j'étais au point. Principe de base, en gros : un bébé n'est pas une larve mal métamorphosée, il possède des compétences corporelles (entre autres) qu'on peut lui permettre de développer. Exemple : inutile de lui tenir la tête, il le fait très bien tout seul dès la naissance à condition qu'on l'aide à la caler sur l'épaule. De fait, très vite, et même dès les premières semaines pour Assia, nos filles ont tenu leur tête bien droite, comme des grandes. L'indépendance qu'elles en ont retiré faisait plaisir à voir. Autre exemple : on ne saisit pas un bébé sous les bras ni par la nuque. Demandez à votre chéri(e) d'essayer sur vous, et vous comprendrez pourquoi ! On l'attrape par le fondement et sur le côté. De la même façon, on le porte tourné vers l'extérieur et non plaqué contre soi, afin qu'il puisse voir le monde. Et le monde le passionne dès les premiers jours, même si au début il n'y voit pas très bien. Principes simples de respect d'autrui et de son corps. Ce n'est pas la moindre des choses que l'hapto nous ait apprises.

Retour à Samia pour clore ce publireportage sur l'haptonomie. Il fallait voir comme Augustine la regardait, oui, la regardait, quelques heures après sa naissance. De toute évidence, elle la reconnaissait, comme elle nous reconnaissait Astrid et moi. Mais au-delà de cette familiarité de la voix et des gestes, c'était à un échange d'être à être auquel nous assistions, d'une densité proprement sidérante. Qu'est-ce qui relevait de l'haptonomie ? qu'est-ce qui tenait au rayonnement propre de Samia ? je l'ignore. Mais tant d'attention chez un nourrisson, notre petite fille toute neuve, vraiment, c'était bouleversant.

100 % BIO, ÉLEVÉ SOUS LA MÈRE

Non contentes de ne pas être comme tout le monde, nous n'avons pas voulu accoucher comme tout le monde. C'est arrivé un peu par hasard en fait, car lorsque nous lui avons demandé où nous serions bien accueillies, en tant que couple de filles, notre gynéco nous a conseillé une maternité alternative. Mais tout bien pesé, ne surestimons pas le rôle du hasard : l'alternatif, c'est assez notre genre. Nous n'avions pas vraiment réfléchi à l'accouchement avant que je sois enceinte, c'est bien humain. Mais Paris sera toujours Paris, et c'est tout juste s'il ne faut pas s'inscrire à la maternité avant même d'avoir eu le désir d'un enfant. Si nous ne voulions pas atterrir n'importe où, il fallait nous dépêcher.

La naissance naturelle nous tendait les bras, nous n'avons pas résisté. Ce n'est qu'après, en somme, que nous avons appris à quoi nous avions échappé. Car si toutes les maternités aspirent à une sécurité maximale, dans un bon nombre d'entre elles cette juste quête se traduit par des accouchements à notre sens médicalisés à l'excès.

Le sinistre tableau qui suit est le reflet – fidèle, j'insiste – de l'expérience de quelques rescapé(e)s, étayée par les témoignages de sages-femmes amies. Ayant moi-même à l'occasion pratiqué le service gynécologique d'un hôpital parisien pour de petits soucis, sans rapport avec la grossesse certes, je n'ai aucun mal à croire leurs récits. Je précise à toutes fins utiles que je n'ai rien contre les hôpitaux publics, d'ailleurs certains des faits qui suivent se sont déroulés dans des cliniques privées. Je n'ai rien non plus contre leurs médecins, leurs sages-femmes, leurs aides-soignants, leurs infirmières, qui travaillent comme des fous dans des conditions scandaleuses. Je me fiche de la laideur des hôpitaux, de leur peinture écaillée et de leurs plateaux-repas pitoyables, même si j'exècre plus que tout les yaourts aromatisés à la vanille que l'on y sert à toute occasion.

Donc, vous arrivez pour accoucher. On vous colle d'abord une perfusion, au cas où. Et puis un monitoring, pour contrôler l'état de santé du bébé en direct live. Une aiguille qui sort du bras, un fil relié à la perfusion et les deux capteurs du monitoring pour commencer. Impossible, dans ces conditions, de continuer à vous balader, par exemple, même si c'est en marchant que vous encaissez le mieux les contractions. Et hop, vous voilà couchée sur le dos, les pieds dans des étriers gynécologiques, soit dans la pire position pour supporter des contractions. Vous vous tordez dans tous les sens sous l'effet de la douleur. À ce stade-là, deux hypothèses : soit vous êtes tombée sur une équipe médicale intégriste qui pense qu'on doit accoucher comme mamie et vous passez un moment vraiment exquis ; soit on est moderne et on abrège tout de suite vos souffrances avec une bonne péridurale dosée à mort. Dans les deux cas, on vous a ravi l'un des événements les plus importants de votre vie.

Et ça continue après la naissance : quand le bébé est sorti, avec un peu de chance, on lui permet de reprendre haleine sur votre ventre deux minutes et demie. Et puis zou, direction la salle de puériculture : on le mesure, on le pèse, on lui prend sa température, on lui enfonce divers ustensiles charmants dans le gosier. Ensuite un bon bain, en général en présence du ou de la partenaire – tout de même... –, et en pyjama ! Dans certains hôpitaux, on rapporte enfin le bébé à sa mère, dans d'autres il passe d'office une heure en couveuse. Je grossis un peu le trait, mais pas tant que ça. Des témoignages, j'en ai plein ma besace. Une lesbienne qui n'a pas pu donner le bain à l'enfant que sa compagne venait de mettre au monde sous prétexte qu'il « n'était rien pour elle ». Une seconde qu'on a jetée parce qu'elle « n'était personne ». Une fille à qui on a refusé la péridurale parce qu'elle avait prévu d'accoucher dans une structure alternative et qu'elle a dû se rabattre d'urgence sur une maternité hospitalière classique. On l'a quasi ficelée sur la table d'accouchement en lui disant : « Vous vouliez accoucher naturellement, allez-y ! » Une amie qui, pour son deuxième enfant, ne voulait pas de péridurale et à qui on l'a imposée. La sage-femme, qui supervisait trois ou quatre accouchements en même temps, trouvait qu'elle criait trop fort. La même amie qui voulait donner le sein à son bébé après la naissance et qui n'a pas pu parce que la même matrone avait décrété que ce n'était pas le moment. Un père qui n'a pas eu le droit de donner le bain à son bébé ni de l'habiller parce qu'« il ne savait pas faire ». Un autre qui n'a pas pu assister à la césarienne de sa femme parce que seule l'équipe médicale était admise. Il paraît que c'est la triste norme, pourtant. Une femme encore dont on a mis d'autorité le bébé en pouponnière après la naissance « pour qu'elle puisse se reposer ».

Ces faits se sont produits entre 2000 et 2002, pas au XIXe siècle...

De cette sorte de naissance-là nous ne voulions à aucun prix, ni pour nous, ni pour notre enfant. Là où nous avons accouché, nous avons trouvé, pour chacune d'entre nous, pour notre couple et nos enfants, respect et compassion. Nous avons été traitées comme des êtres humains pensant et sentant. Nos bébés ont été traités comme des êtres humains. On n'a nié ni notre indépendance ni notre volonté, on n'a pas considéré que nous étions de parfaites abruties au seul motif que nous avions affaire à la Médecine, on ne nous a pas dit « on », ni « ma petite dame ». Nous n'aurions pas voulu accoucher ailleurs.

Jouez hautbois, résonnez musettes !

Raconter leur accouchement avec force détails est l'activité préférée des mères de famille. À leur décharge, et à la nôtre, disons que mettre un enfant au monde est une sacrée expérience, qui en termes d'intensité, d'efforts physiques, de souffrance, de dépassement de soi et de joie ultime n'a pas grand-chose à envier à l'ascension de l'Everest ni à la traversée de l'Atlantique à la rame, qui font bien, elles, l'objet de récits circonstanciés. Je vous épargnerai cependant une relation par trop détaillée de nos exploits. D'autant que nos accouchements de lesbiennes n'ont rien de fondamentalement différents des autres. Disons seulement, et cela ne tient en rien à notre « différence », qu'on doit figurer toutes les deux dans le *Guinness Book* des records, à la rubrique « accouchement le plus long » : vingt-quatre heures non-stop pour l'une comme pour l'autre. Quand nos bébés se sont enfin décidés à sortir, dans leurs maternités respectives, on faisait presque partie des meubles. Pour Augustine, on a squatté la salle de naissance la plus grande et la plus agréable toute la journée et une bonne partie de la nuit. On avait apporté des CD et de quoi les écouter. Les sages-femmes de garde venaient faire la pause chez nous et commenter nos choix musicaux entre deux contractions poussives. Il ne manquait qu'un coin fumeurs et une bonne bouteille. On n'avait pas prévu que la boum durerait aussi longtemps... Heureusement, il est des œuvres dont on ne se lasse pas ! Augustine est née après notre quatrième audition de la *Messe du couronnement* de Mozart. Vu à trois ans de distance, il n'est pas certain qu'elle en ait gardé une prédilection marquée pour le génial Autrichien, qu'elle avait pourtant déjà souvent entendu in utero.

Vers treize heures, Astrid est allée se chercher un McDo, qu'elle est venue me manger sous le nez. *No comment.* Je l'ai mise dehors sans ménagement, appuyée par une sage-femme horrifiée. Sans même parler du sort fait à José Bové, on n'a pas idée de ce que ça pue un McDo sorti de son contexte !

Toute la journée on a entendu dans la pièce à côté les mères qui hurlaient et les bébés qui naissaient. On a cessé de compter après le troisième parce que ça n'était plus drôle du tout. Samia est passée plusieurs fois. Puis elle est venue nous dire bonsoir avant de rentrer chez elle. La sage-femme qui s'occupait de nous commençait à se faire à l'idée de ne pas voir le bébé à l'issue de sa pourtant très longue garde. Bref, le moral n'était pas au beau fixe. Il est cependant venu un moment où les événements ont fini par s'accélérer. Et puis il y a eu une petite foule autour de mon ventre pour pousser dehors cet enfant qui ne voulait pas naître, ultime tentative avant de se résoudre à une césarienne dont personne, parturiente, compagne, médecin ni sage-femme, ne voulait. Je dois bien reconnaître qu'à ce stade, notre sens de l'humour avait connu des jours meilleurs. Le bébé avait eu un petit, tout petit, ralentissement du rythme cardiaque. Je m'étais souvenue soudain de toute l'angoisse que m'inspirait l'accouchement et de la terrifiante fragilité de cette entreprise. J'avais lu peu avant la correspondance d'une femme enceinte de la fin du XIXe siècle, légère, anodine. Il faisait chaud, elle espérait accoucher bientôt. C'était son quatrième ou cinquième enfant, je ne sais plus. Elle est morte le lendemain de sa dernière lettre. Cela n'avait rien d'exceptionnel à l'époque, mais tenir son courrier dans mes mains, voir son écriture régulière, très lisible, savoir qu'elle allait mourir, alors qu'elle-même ne manifestait pas la moindre inquiétude, était quelque chose d'infiniment touchant. Elle s'appelait Emma. Dans les deux dernières semaines de ma grossesse, j'en avais tellement assez d'être enceinte que j'avais oublié – la nature est vraiment bien faite – Emma et les millions de femmes mortes en couches, ma sœur qui avait perdu son enfant et les légions de bébés mort-nés, les estropiés, les handicapés, les accidentés cérébraux... Lorsque sans prévenir la sage-femme m'a collé un masque à oxygène sur la figure, j'ai protesté que j'allais très bien. « C'est pas pour toi ! » Ton sec et professionnel. D'abord j'ai eu honte de mon égocentrisme, et puis me sont tombés dessus à bras raccourcis tous les morts, mères et enfants, que j'avais si bien réussi à chasser de mon esprit. Là, j'aurais payé pour avoir une césarienne ! Mais ce n'était plus la peine...

Ce doit être à ce moment-là que je me suis dit « plus jamais ça », quand la péridurale, comme de juste, a cessé de faire effet. Quand je pense à tout le mal que je me donne aujourd'hui pour être à nouveau enceinte ! Ma mère me l'avait bien dit : accoucher ça fait affreusement mal, mais on oublie. Parfois, il faut croire sa maman. C'est vrai qu'on oublie, sinon on aurait inventé bien plus tôt une contraception efficace, ou alors les femmes auraient fait la grève de l'amour. Une chose est sûre, néanmoins, question douleur, la traversée de l'Atlantique à la rame, en comparaison, c'est de la petite bière.

Quand notre bébé a enfin montré sa tête, j'ai hurlé. Et la première phrase qu'il a entendue, c'est : « Il est tout bleu ! » De ce bleu-gris qui est la couleur des noyés. Je ne sais pas d'où je sors ça, puisque je n'ai jamais vu de noyé, mais pour le coup j'en étais certaine. Ce n'était pas faute de savoir, pourtant, que les nouveau-nés sont bleus tant qu'ils n'ont pas avalé leur première bouffée d'oxygène. De l'utilité relative des préparations à l'accouchement chez une jeune mère à l'imagination morbide... Pour Assia je me suis très bien tenue. À notre quatrième accouchement, j'arriverai peut-être même à le trouver joli ce bleu.

Sidéré sans doute par mes hurlements, notre bébé n'a pas poussé le moindre cri en découvrant ce qui l'attendait dans le vaste monde. Lorsqu'on l'a posé sur mon ventre, il nous a regardées Astrid et moi avec de grands yeux étonnés, aussi intéressé que nous par ce qu'il découvrait. C'est donc comme ça que vous êtes ? Il n'avait pas l'air déçu. C'est gentil, parce que vues en contre-plongée, bouffies par la douleur (moi) et le manque de sommeil (nous deux), ravagée par un McDo (Astrid), nous n'étions vraiment pas à notre avantage. Dès qu'Astrid ouvrait la bouche, notre bébé la cherchait du regard. Pour l'avoir tellement entendue, c'était sa voix qu'il reconnaissait, repère intangible au milieu de tout ce bazar. La mienne il la découvrait, déformée, puisqu'elle lui parvenait désormais de l'extérieur. Je sens encore l'odeur du vernix dont il était en partie recouvert, et dont sa tignasse a porté le parfum plusieurs semaines durant. Je continue à dire « il » parce qu'il s'est écoulé une petite éternité, plus d'un quart d'heure sans doute, avant qu'Astrid ne songe à savoir si nous parlions à Augustine ou à Marceau. Quant à moi l'idée ne m'avait pas effleurée. Rendue là, je n'étais plus capable de penser à grand-chose, c'est un fait, mais surtout je me foutais éperdument du sexe de l'ange. Qu'il soit mon bébé était bien suffisant. Je me demande bien quand j'aurais fini par m'intéresser à cette question. Je n'ai toujours pas eu l'occasion de le découvrir : pour Assia, Astrid m'a encore grillé la priorité. L'obstétricienne et la sage-femme avaient fait des pronostics à mi-voix. Selon elles, pour des raisons qui m'ont paru fumeuses et que je me suis hâtée d'oublier, c'était un garçon. Encore une fois, je m'en moquais comme de l'an quarante. On avait passé neuf mois à parler à quelqu'un dont on ignorait le sexe. Est-ce qu'il y avait vraiment urgence à lui contempler l'entrejambe ?

Auparavant, il avait fallu couper le cordon. Pour Augustine, je trouvais que, symboliquement, c'était à moi de le faire. On ne sort pas indemne de plusieurs années de psychanalyse... « C'est à moi qu'il revient de mettre fin à notre symbiose, tu vouâââs. » Je n'ai jamais pu. Je m'attendais à un truc tout mou. Or un cordon a à peu près la consistance d'un cou de poulet. C'est dur, il faut appuyer franchement sur les ciseaux. J'aurais eu l'impression d'égorger une volaille. J'ai pensé à mon grand-père qui refusait de tuer celles qu'il élevait dans son jardin. Je n'ai pas pu. J'avais peur, aussi, de faire mal à mon petitou. Quand bien même je savais que c'était une opération indolore. Est-ce que c'est symbolique aussi ? Astrid, elle, n'y est pas allée par quatre chemins : crac ! Pour Assia, je n'ai pas eu l'occasion de faire ma chochotte. L'obstétricienne a tranché avant moi dans le vif du sujet. Pour une question de rhésus, il fallait faire vite. Je ne m'en suis même pas rendu compte.

J'ignore combien de temps Augustine est restée sur mon ventre. Cela m'a paru d'une cruelle brièveté. C'était pourtant très raisonnable, de l'ordre de la demi-heure, sans doute. Il m'aurait fallu deux jours, au minimum.

Tout près de ma tête, quelqu'un avait installé une petite baignoire. Astrid, alors, a donné à notre enfant son premier bain. Dans l'eau chaude, son regard toujours rivé à celui de sa bismam (voir le chapitre suivant), notre poupée était en extase. Je l'ai vu, un peu. Astrid me l'a raconté, beaucoup. J'avais plongé dans un état semi-comateux. Deux nuits blanches avaient eu raison de mon instinct maternel tout neuf. Ma carrière de mère indigne commençait fort. Augustine et Astrid ont disparu de mon champ de vision. Puis elles y sont revenues. La première portait le pyjama rayé bleu et blanc que j'avais réussi de haute lutte à imposer à ma compagne comme premier vêtement de notre enfant. Vraiment mignon, elle avait dû en convenir. On l'a prêté à une copine récemment. Quand je pense que notre grande est un jour rentrée dans ce vêtement minuscule !

On a reposé Augustine sur mon ventre. Mais habillée, ce n'était plus aussi bien. La puéricultrice lui a montré comment téter. Et croc ! La jeune morfale a enfourné mon sein dans sa bouche. Deuxième station du chemin de croix de la mère indigne, j'ai manqué tourner de l'œil. Vidée, littéralement, par cette petite bouche avide. Celles (et ceux) qui n'ont jamais allaité n'imaginent pas la force de succion d'une petite chose d'à peine trois kilos et demi. J'ai souvent, par la suite, ressenti ces secondes d'épuisement absolu du début de la tétée, lorsque le corps tout entier mobilisé lâche sa première giclée de lait. Les tétées des premiers jours ne produisent que du colostrum, mais l'effet est le même. Et là, dans la salle de naissance, traversée de l'Atlantique aidant, pour la première et jusqu'ici la seule fois de ma vie, j'ai cru m'évanouir.

Point trop n'en faut dans l'indignité, j'ai tout de même laissé Augustine téter un bon peu, partagée entre un ravissement total et un épuisement qui ne l'était pas moins. Quand je n'ai plus pu, Astrid a pris notre petite fille dans ses bras. Je me suis endormie sur la table d'accouchement telle la bûche moyenne. De temps à autre j'entrouvrais un œil. Ma femme et ma fille étaient toujours là, la plus petite dormant dans les bras de la plus grande, qui avait l'air extasié d'un saint Christophe féminin. C'était difficile à croire, mais sauf improbable effet de persistance rétinienne, il semblait bien qu'on était mamans toutes les deux...

Papa, maman, la bonne et moi

De bonne dans cette maison, point. Si les droits d'auteur de ce livre sont avantageux, on songera à embaucher une femme de ménage, mais nous n'en sommes pas là, oh non ! De papa dans cette maison, point non plus. (Si vous ne l'avez pas encore compris et que vous pensez qu'Astrid est ma sœur, je vous engage à changer de lecture.) Donc : maman, maman et moi. Problèmes de conscience, suite ! Une famille peut-elle comporter deux mères ? Assurément non, avons-nous d'abord pensé, tant le modèle familial dominant nous collait à la peau. Famille = papa, maman (la bonne) et moi. Un enfant n'a qu'une mère, voyons ! Évidence que d'aucuns dans notre entourage nous assénaient à qui mieux mieux. Bon. Et l'autre mère, alors, celle qui n'était pas LA mère, comment allions-nous la nommer ? Cette cornélienne question nous a beaucoup tracassées entre la naissance d'Augustine et celle d'Assia. Dans un premier temps, nous avons pensé qu'Augustine trouverait d'elle-même une solution en apprenant à parler. Son vocable serait le nôtre. Intenable à l'usage. Il fallait bien, avant que notre bébé sache parler et ne serait-ce que pour des raisons pratiques, que nous désignions Astrid à ses yeux. Nous ne pouvions envisager un simple prénom, beaucoup trop neutre. Nous avons cru nous en tirer par un mauvais jeu de mots (on ne se refait pas...) : si j'étais la mère biologique de notre petite fille, la biomam donc, Astrid en était la bismam. L'expression nous a fait rire, elle est restée. C'est, avec maman, l'un des premiers mots qu'Augustine a prononcés, logique. La plupart des couples de femmes emploient le même genre de tour de passe-passe sémantique : j'ai entendu mamour (mignon), mamita (un peu mémé), mamina (itou), mamou (du genou)... Et même l'abominable marraine, qui écarte d'emblée le deuxième parent. Chacune y va de son néologisme plus ou moins salvateur.

Bismam paraissait bien un rien ésotérique à la famille et aux amis, mais va pour bismam, puisque nous l'avions choisi. Ainsi allèrent les choses jusqu'à l'arrivée d'Assia. Et là, boum, patatras : il ne pouvait y avoir deux bismams dans cette maison, pas plus que deux mamans tout court, sauf à rendre nos filles gravement schizo. Impossible, quand nous allons faire un coucou à Astrid qui travaille dans son atelier, de dire aux filles : « Venez, on va faire un bisou à bismam » ou « Venez, on va faire un bisou à maman », toutes propositions également fausses. Nous n'allions pas non plus inventer un troisième nom qui n'aurait servi qu'à Assia puis au futur deuxième enfant biologique d'Astrid (soit notre quatrième enfant, si nous suivons nos projets)... Que je sois maman pour tout le monde était également hors de question.

Une fois n'est pas coutume, nous avons su rester simples en optant pour un tranquille maman Myriam et maman Astrid, qu'Augustine a eu tôt fait de transformer en Tatid, maman Tatid, puis en un très joli Matid. Elle m'appelle parfois Miam, parfois maman, mais il arrive aussi que ce soit Astrid qu'elle désigne de la sorte. D'ordinaire en mon absence, mais pas toujours. À nous alors de deviner à qui s'adresse le « maman », chose beaucoup plus facile qu'il n'y paraît à première vue. Nous en resterons là jusqu'à ce qu'Assia, qui ne parle pas encore, vienne ajouter son grain de sel à l'affaire. Je suis impatiente de connaître le nom qu'elle me trouvera. Pour l'instant, la bismam est restée comme un concept qui définit la mère non biologique en général. Il vaut ce qu'il vaut et il durera ce qu'il durera.

L'affreux Petit Ours brun

Nos enfants ont deux mères, c'est ainsi. Car nous ne sommes pas une famille tout à fait comme les autres. Le modèle de la famille nucléaire père-mère-enfant nous est de peu de secours, il nous faut inventer, au jour le jour, nos propres références. La littérature enfantine ne nous y aide pas beaucoup, qui se fait pour l'essentiel le reflet de la configuration dominante, ou rêvée telle, à savoir la famille hétérosexuelle blanche de la classe moyenne/supérieure choyant un unique enfant. À cet égard, l'affreux Petit Ours brun dont raffolent nos chères têtes blondes (évidemment, blondes...) est presque trop beau pour être vrai : maman ourse, vêtue d'une robe qui a dû être seyante dans les années cinquante, fait la cuisine ; papa ours, si sexy dans ses charentaises, condescend quelquefois à lâcher son journal pour mettre le couvert ou faire le marché avec son panier d'osier. Le monde tourne autour de leur Petit Ours, à qui ils prodiguent une affection ferme mais juste... Le plus terrifiant, c'est que les gosses, y compris les nôtres, adorent !

Parfois, très rarement, la littérature enfantine présente deux enfants, et dans ce cas presque toujours un garçon (l'aîné, ça va de soi) et une fille.

Au pays du marketing infantile, la minorité n'est pas vendeuse : il ne fait pas bon être noir, arabe, jaune, pauvre, de famille nombreuse, monoparentale, recomposée ou homoparentale. Je n'incrimine pas tous les éditeurs, loin s'en faut, mais c'est tout de même une tendance lourde. Après des recherches approfondies, on a déniché un bouquin pour tout-petits, un seul, qui évoque des familles différentes. C'est même son sujet. Il est très bien d'ailleurs. Alors, une petite page de pub : jetez-vous sur *l'Heure des parents*, de Christian Bruel et Nicole Claveloux, aux éditions Être. (Les dinosaures de nos âges se souviendront peut-être que Nicole Claveloux dessinait l'irrésistible « Insupportable Grabote et le lion Léonidas » dans les années soixante-dix. Souvenirs, souvenirs...)

Pour les enfants plus grands, le choix est plus vaste, il doit bien exister quatre ou cinq bouquins, au moins ! L'homoparentalité, combien de divisions ? Et je ne parle pas des chansons et des comptines, qui baignent dans le papa jusqu'au cou. La condition paternelle se porte bien, merci, on la mange à toutes les sauces. Sur les plans sociologique et démocratique, très bien. Mais nous aussi on aimerait profiter de l'évolution des mentalités... Alors au boulot ! Aidons-nous nous-mêmes, car le ciel littéraire et musical ne nous aidera probablement jamais beaucoup.

Fin 2003 : évidemment, je n'étais pas la seule à considérer qu'on n'est jamais si bien servi que par soi-même. *Dis Mamans*, de Muriel Durou, vient de sortir aux Éditions Gaies et lesbiennes. Les dessins sont adorables, nos poupettes en raffolent.

Pour revenir à notre « problème » spécifique, le papa est omniprésent dans les livres de nos filles et totalement absent de leur vie. Pour ce que l'on peut en deviner, ça n'a pas l'air de traumatiser Assia. Du haut de ses un an, elle s'en contrefiche du papa. Sans aller jusqu'au traumatisme, loin s'en faut, il n'en va pas de même pour Augustine. Les papas de ses histoires la tracassent, c'est net, même si, faute d'un langage assez élaboré, ses interrogations restent largement elliptiques. Mais qu'est-ce donc que ce personnage qu'on nomme papa et qui ne ressemble à aucune de ses deux mères ? Un ours ou un élan lui paraissent moins curieux. Sans compter que nombre de livres parlent de « papa » tout court et non pas « du papa » de Chosette la vachette ou de Trucmuche le petit canard. Exemple : « Papa vient l'embrasser dans son lit » ; et pas : « Son papa vient l'embrasser dans son lit. » Comme si tout le monde en avait un ! Dans la mesure du possible, on adapte, mais compte tenu du nombre de livres qu'on lit chaque jour à notre chère petite, on a du mal à tenir le cap. Parfois on triche carrément pour que notre poupette se sente un peu moins perdue : un papa pas trop typé (nous ne sommes pas des femmes à barbe) fait une bismam à peu près acceptable, surtout si on le voit de dos... Pis-aller bien peu satisfaisant en vérité, car une bismam n'est pas un père au rabais à qui on aurait ôté les moustaches. Qu'on ne nous intente pas de faux procès, il ne s'agit pas de gommer la figure du père, simplement de proposer à notre fille aînée un monde qui ressemble un peu plus au sien. On fait de même pour Assia à son petit niveau de livres en tissu ou en carton extrarésistant.

Résultat des courses, Augustine, qui sait depuis toujours qu'elle n'a pas de père – mais qu'en revanche elle a deux mamans, une chance qui n'est pas donnée à tout le monde ! –, essaie à l'occasion d'appeler Astrid « papa », juste pour voir comment nous réagissons. Un jour où Astrid était absente, elle s'est plantée au milieu de la cuisine, feignant un désespoir assez convaincant, et sanglotant : « Papa, papa ! » Son œil malicieux la trahissait, j'ai éclaté de rire, et je lui ai une fois de plus expliqué comment elle avait été conçue.

À mon sens, son entrée à l'école n'a pas modifié sa perception des choses. Elle a parfaitement compris que tous ses copains et copines ont un papa. (C'est une toute petite école de tout petit village, et si elle a ses parents blacks ou homos, la mère célibataire ne court pas les ruelles...) Mais ce qu'est au juste un papa, Augustine a toujours du mal à se le figurer. Il y a le papa de Philémon et celui de Lucas. Ils sont grands et gentils, ils ne font presque pas peur. Il y a le papa de Marguerite. Il porte cette chose étonnante qu'on appelle une barbe. Et le papa de Carla et Léonie, qui plonge à la piscine pour faire rire ses filles. Aucun ne ressemble à maman Astrid.

Même sans papa, nos filles ne vivent pas coupées du genre masculin. Elles ont des copains, des cousins, des voisins, des grands-pères, des oncles, des parrains et les amis de leurs mères (et parmi eux des hétéros pères de famille, dis donc !). Elles savent ce qu'est un zizi et comment les hommes se rasent. Mais quant au mystère du père, je me demande si elles l'éclairciront jamais tout à fait. Le père restera peut-être comme une espèce de coutume exotique, un rite que l'on connaît bien pour l'avoir longtemps étudié, mais dont on peine à saisir tous les aspects parce que sa compréhension reste, quoi que l'on fasse, tout intellectuelle. Un peu comme un idiome étranger que l'on maîtrise à la perfection, mais qui n'est pas, ne sera jamais, la langue maternelle (je note que l'on ne dit pas « paternelle »...).

« Elle a pas d'papa, hou ! Elle a pas d'papa ! »

À l'instar de toutes les autres mères goudoues, on craignait que, dans la cour de récré, nos filles n'entendent cette chansonnette plus souvent qu'à leur tour. Cela n'a pas été le cas pour le moment. Probablement parce que les enfants qui les entourent sont trop jeunes, ou gentils tout simplement. Nous avons été assez étonnées jusqu'ici de leur peu d'intérêt pour cette question du papa qui fait tant baver les adultes. Seuls deux ou trois nous ont demandé : « Mais il est où le papa d'Augustine et d'Assia ? – Tu sais, Augustine et Assia ont deux mamans, mais elles n'ont pas de papa. – Oui, d'accord, je comprends, mais il est où leur papa ? » Histoire sans fin. Impossible pour ces tout-petits d'envisager une famille sans papa. Ils considèrent nos explications avec la plus grande attention, et en reviennent toujours au même point : « Oui, mais il est où ? »

Un des copains de classe d'Augustine, âgé de cinq ans, n'en démord pas : il parle alternativement d'Astrid ou de moi comme du « papa de la petite Augustine », l'absente se trouvant parée des vertus paternelles… Pourtant il nous a déjà vues ensemble à plusieurs reprises. Il vient parfois jouer à la maison le mercredi. L'écrasante majorité des gosses, cependant, se fiche de savoir où peut bien être le papa de cette famille. L'« amoureux » d'Augustine, qui est toujours fourré chez nous, n'a jamais fait la moindre remarque là-dessus. C'est comme ça, point final. Je sais qu'il a interrogé sa mère une fois au moins, puisqu'elle m'a demandé ce qu'elle devait lui répondre. Mais la vérité, lui ai-je dit, que je lui ai aussitôt expliquée, comme nous le faisons Astrid et moi à qui le demande. Autre scène rigolote, l'autre grand ami de notre poupée expliquant doctement à une petite fille de la classe qu'Augustine a deux mamans, et ajoutant à part lui, songeur : « J'aimerais bien avoir deux mamans moi… » Son père, pourtant, est très sympa.

À l'âge où l'effet troupeau commence à se faire sentir, où le désir de conformité tend à l'emporter (avoir des parents homos, la honte !), nos poulettes en entendront, c'est possible, des vertes et des pas mûres. C'est possible, seulement. Car le pire n'est pas toujours à craindre ; la bêtise et la méchanceté ne sont peut-être pas, après tout, les choses du monde les mieux partagées. Sans vouloir m'ériger en modèle, lorsque j'étais au lycée, encore sur le droit chemin sexuel, il ne me serait pas venu à l'idée de railler les homos. Tout au plus ressentais-je de la compassion à l'égard de ces pauvres gens bien malheureux. À cette lointaine époque, personne autour de moi n'avait des parents gays, ou du moins déclarés tels. Mais je suis bien certaine que cela ne m'aurait pas fait ricaner. Et pas plus mes amis. C'était dans les années quatre-vingt du siècle précédent. *L'Homme blessé* de Chéreau est sorti dans ces eaux-là. Je lisais tout à l'heure une interview de Jean-Hugues Anglade, qui déclarait que son rôle d'homo qui découvre l'amour « n'avait vraiment rien d'évident à l'époque ». C'est fabuleux le chemin qu'ont parcouru les esprits en vingt ans. Aujourd'hui les homos sont comme les chaussettes Kindy, ils ne se cachent plus ! Ils ont même le droit d'être heureux. Mais je m'égare. Enfin, pas totalement. J'entendais démontrer que l'ouverture et la tolérance existent même chez les ados, qu'ils n'ont pas tous un besoin irrésistible de meugler avec le troupeau et que certains – si, si – ont même de la personnalité ! En ajoutant à cela l'indéniable et salutaire évolution des mœurs, on peut raisonnablement croire que seuls quelques irréductibles imbéciles montreront nos enfants du doigt et qu'il se trouvera en revanche une majorité bienveillante pour les défendre. Qui vivra verra. Si nos filles doivent subir des réflexions désagréables ou des insultes, souhaitons qu'elles n'aient pas hérité de l'esprit d'escalier de leur maman Astrid et qu'elles soient capables de répondre aux attaques avec un humour acéré. En toute modestie, j'ai un certain talent pour ces répliques du tac au tac, que je vais m'employer à leur transmettre.

Notre vie de famille sera-t-elle toujours aussi rose qu'aujourd'hui ? Nous verrons-nous un jour reprocher par notre progéniture adolescente de l'avoir mise au monde sans père ? Nous n'y croyons pas trop, mais une remarque cinglante est si vite partie dans un moment de contrariété post-pubère ! Nous imaginons volontiers, à dix ans d'ici, de jolies joutes verbales sur le sujet. Avons-nous tellement bien intégré l'idée que l'absence de père était un terrible préjudice que nous éprouvions, par anticipation, le besoin de nous justifier aux yeux de nos enfants ? Pas impossible : on ne s'assoit pas comme ça sur des millénaires de patriarcat, même si, suivant le mouvement général des pédés et des gouines depuis les années quatre-vingt, nous avons cessé de nous sentir coupables.

Dans nos rêves éveillés, nous restons zen mais fermes : « Ma petite chérie, si tu n'étais pas née sans père, tu ne serais pas née du tout, et tu ne serais pas en train de nous le reprocher. Je suis donc bien contente, et ta bismam aussi, que tu n'aies pas de père ! » Et encore : « Toi, t'es pas ma mère d'abord ! – Oui, oui, ma poulette, je ne suis pas ta mère, mais va quand même ranger ta chambre... » On peut aussi retourner les choses : à l'âge où tous les ados rêvent d'échange de bébés à la maternité, quelle chance de savoir que sa mère n'est pas sa mère ! Je suis bien certaine qu'on s'en sortira, nos enfants et nous. Parce que nous sommes une famille heureuse et équilibrée. Bien sûr, les choses peuvent changer, et les angoisses adolescentes sont ce qu'elles sont. Mais je parie que, outre les valeurs auxquelles nous croyons – tolérance, respect, liberté-égalité-fraternité, etc., les mêmes que le pékin moyen en somme –, nous saurons donner à nos enfants un socle de certitudes personnelles simples et tranquilles : je vaux quelque chose, comme tout le monde ; je n'aime pas plus mon prochain que moi-même, pas moins non plus ; je sais ce que j'aime et ce que je n'aime pas ; qui j'aime ou non ; je sais dire non... Du solide qui permet de déplacer les montagnes. Je n'affirme pas que l'adolescence de nos enfants sera facile, aucune ne l'est. Elle aura son lot de pleurs et de dérapages verbaux de part et d'autre (crétins d'ados égoïstes/vieilles connes de mères qui ne comprennent rien à rien), comme toutes. Ni plus ni moins. Rendez-vous dans dix ans pour la suite de nos aventures !

Bis repetita placenta

Nous avions eu largement le temps de nous faire à l'idée que nous étions désormais les respectables mères d'une petite fille de dix-huit mois lorsque pour la deuxième fois nous avons sonné à la porte d'une maternité en pleine nuit. Cela faisait bien trois semaines qu'Astrid en avait marre, marre de chez marre. Elle ne voulait plus qu'une chose : accoucher. Le jour de son terme, elle avait décidé d'employer les grands moyens : attaquer le carrelage de la salle de bains et inviter mes parents à dîner. Dans la salle de bains, le spectacle valait son pesant de nougats. Jamais on ne vit carreleur plus ventru. L'exercice produisit l'effet escompté. Ensuite on a bien dû passer deux mois à contempler la petite douzaine de céramiques que la maçonne avait eu le temps de poser au-dessus de la baignoire...

Aucun accouchement ne ressemble aux autres, c'est un fait. J'hésite néanmoins à vous en infliger un deuxième in extenso, je sens que je vais lasser. Surtout que celui-là a été long encore, aussi long que le mien. Tirons donc un voile pudique sur vingt-quatre heures de la vie d'une femme. Les oreilles chastes me sauront gré, au moins, de leur épargner les chapelets de jurons imagés, dont ma douce, sous l'effet de la souffrance, a abreuvé l'immédiat voisinage de la maternité, à tel point que la sage-femme, par crainte de la maréchaussée sans doute, a préféré clore la fenêtre restée jusque-là entrouverte.

Une bonne péridurale et quelques heures plus tard, dans la douceur et l'harmonie retrouvées, notre Assia était là, le jour de la fête des Lumières, ce qui n'est pas un mince symbole dans l'agglomération lyonnaise. Clin d'œil spécial goudoues, c'est l'Immaculée Conception que l'on honore ainsi, dans une débauche (si j'ose dire) de bougies et de lampions...

Envolés mes doutes métaphysiques sur ma capacité à aimer un deuxième enfant, ce fut le coup de foudre, qui ne s'est pas démenti depuis vingt mois et quelques centaines d'heures cumulées de hurlements lorsqu'on lui change ses couches, de milliers de yaourts renversés et autant de cuillerées de compote frappées d'un revers dévastateur qui ferait fureur à Roland-Garros...

Notre future championne de tennis est restée sur le ventre d'Astrid deux bonnes heures, un drap chaud, régulièrement changé, posé sur elle. On a gagaté à fond, on l'a étourdie de mots d'amour. Elle nous a regardées, un rien surprise, mais pas plus que ça, d'être passée de l'état de poisson à celui de mammifère terrestre. Elle a avisé le sein droit de sa mère biologique, elle a levé bien haut son petit, tout petit menton, et elle a rampé à l'assaut de la montagne (soutien gorge bonnet C, à l'époque...) magique. Ça s'appelle le réflexe de fouissement. Tous les bébés sont ainsi capables de localiser à l'odeur le sein maternel et de l'atteindre par les moyens du bord, c'est-à-dire en rampant, car les taxis sont rares dans le secteur. Voir ce petit machin à peine âgé de quelques minutes se ruer vers le bifteck, c'est non seulement craquant, mais encore proprement sidérant. Vertigineux même : combien de milliers de siècles nous contemplent-ils du haut de ce réflexe auquel l'humanité doit en partie sa survie ? Après avoir épuisé les charmes du sein droit, notre petite mère, puisque nouvelle petite mère il y avait, s'est lancée sus au sein gauche, bien décidée à entamer sur-le-champ sa carrière de chroniqueuse à l'UFC-Que choisir. Après quoi, elle s'est endormie.

Nous aurions volontiers passé la nuit là toutes les trois : Assia en écrasait, Astrid piquait du nez, je couvais mon monde d'un œil protecteur en songeant à notre grande qui roupillait chez ses grands-parents. J'aurais fini par sombrer aussi. Charmant tableau de famille homoparentale. Mais il fallait bien que, sur les deux heures et demie du matin, la porte s'ouvre sur notre obstétricienne, que l'appel du plumard commençait à titiller sérieusement. La sage-femme ne paraissait pas fraîche fraîche non plus. Elles ont toutes deux considéré notre nouvelle-née qui baignait encore dans son jus d'origine : pas mal de sang, un peu de vernix, les cheveux collés par un liquide indéterminé. Une vision aux antipodes du bébé Cadum. Je ne sais plus laquelle a dit :

« On ne va tout de même pas la réveiller pour la plonger dans un bain à cette heure-ci ? » C'était plus une constatation qu'une question en réalité. Ma femme et moi avons opiné, et j'ai emporté mon bébé craspec vers la salle de puériculture pour lui enfiler un pyjama en éponge d'une irréprochable propreté – nous n'étions pas allées jusqu'à le repasser, comme nous l'avions fait pour celui d'Augustine, époque lointaine où nous avions vraiment du temps à perdre. Celui d'Assia était très neuf néanmoins, et bien malin qui aurait pu deviner qu'il n'avait de sa courte vie jamais connu le fer à vapeur. Il était joli aussi. Enfin, pour une fille. J'avais exigé que nous en prévoyions un autre au cas où il nous naîtrait un garçon. Qu'on n'aille pas nous accuser de mettre un petit mec sur la mauvaise pente dès le départ !

Je m'apprêtais donc à vêtir ma fille de son pyjama de fille lorsque la puéricultrice me l'a littéralement arrachée des mains. Elle avait déjà fait une tentative pour nous enlever notre poupon deux heures auparavant, mais l'obstétricienne l'avait renvoyée gentiment dans ses vingt-deux. *Revenge !* Je n'ai rien pu faire. Elle a mis la brassière tricotée avec amour par mamie au-dessus du ravissant pyjama. Première faute de goût : tout le monde sait que ça se met par-dessous, enfin ! – sauf moi, qui l'ai appris dix minutes plus tard de la bouche d'une Astrid indignée. Et en plus à l'envers : tout le monde sait que les boutons vont dans le dos, enfin ! (Sauf qui ?...) Elle a aggravé son cas en entourant le poignet si fin de notre bébé-le-plus-beau-du-monde d'un gros bracelet en plastique rigide qui indiquait son nom et sa date de naissance. Pas très différent de ceux qu'on met aux oreilles des veaux. Comme si on avait l'intention de perdre notre petite fille des yeux un quart de demi-seconde dans la semaine qui venait ! J'ai enlevé l'affreux machin dès que l'iconoclaste a eu le dos tourné. Un an et demi après, il est toujours dans mon porte-monnaie, taché mais entier, aussi lisible qu'au premier jour, prêt à résister à une explosion atomique.

On a gagné la chambre d'Astrid, toutes plus cradingues les unes que les autres. Assia dormait toujours. Même l'autre maladroite n'avait pas réussi à la réveiller en l'habillant. Astrid s'est effondrée dans son lit. Moi par terre, recouverte de mon manteau. J'ai eu une pensée fugace pour les amis qui devaient m'héberger et que je n'avais pas réveillés à trois heures du matin pour leur demander le code de leur immeuble. Tout le monde a roupillé du sommeil de la juste jusqu'à la toilette du matin.

« JE N'EN AI PAS L'AIR, MAIS JE SUIS UN JEUNE PAPA. »

Retour en arrière. Le matin qui a suivi la naissance d'Augustine, Astrid avait mis sa robe préférée – courte, très courte – pour venir nous voir à la maternité. Dans le couloir, une dame de salle l'apostrophe gentiment : « Les visites ne sont pas autorisées le matin, sauf pour les papas. » Ma chérie, qui ne sait pas résister à un bon mot, ne se démonte pas et répond, avec son sourire le plus radieux : « Je n'en ai pas l'air, mais je suis un jeune papa ! » La dame n'a trop su que dire, perplexe devant ce jeune père ravissant, aux jambes lisses largement découvertes, à la taille fine bien prise dans un joli tissu jaune canari et chaussé de souliers rouges à talons hauts. Dans la matinée, elle est venue frapper à notre porte pour s'excuser. Gentil, non ? Nous aussi nous sommes gentilles. Et de l'absoudre : elle ne pouvait pas deviner. Un couple de filles dans une maternité, cela surprend encore. Plus pour très longtemps à mon avis, du moins dans les grandes villes, si l'on en juge par le nombre de faire-part qui émaillent chaque mois le bulletin de notre association de parents homos. Bientôt la dame de salle pensera à se demander si la jolie femme qu'elle croise dans le couloir à une heure indue ne serait pas une jeune maman goudoue...

À la maternité, que ce soit pour la naissance d'Augustine ou celle d'Assia, nous n'avons pas été accueillies différemment des couples hétéros, je pense. Mais peut-être cela tient-il aux lieux un peu à part que nous avions choisis. Tout au plus sentait-on chez certaines personnes un vague malaise face à notre situation familiale, un étonnement. De fait, on est encore très papa-maman dans les maternités... En particulier dans les maternités alternatives, qui sont très en pointe sur... la place faite aux pères. Mais on nous a toujours manifesté gentillesse et respect, comme à toutes les parturientes. Pas la moindre réticence chez l'obstétricien qui a suivi ma grossesse pour Augustine. La première fois que je l'ai rencontré, j'étais venue seule, Astrid n'étant pas libre. J'avais dû remplir un dossier administratif qui demandait entre autres un certain nombre de renseignements sur le père. J'avais biffé ces rubriques, attitude qui me semble aberrante aujourd'hui que j'ai pris le pli de remplacer partout la mention « père » par « mère 2 » ou « deuxième mère ». Tout cela était très nouveau pour nous à l'époque. Et quant à moi, le simple fait de me présenter dans une maternité me paraissait une manière de transgression... Il me semble parler d'il y a un siècle. C'était il y a un peu plus de trois ans. Entre-temps nous avons gagné l'assurance tranquille d'être une famille atypique, certes, mais que rien n'autorise à montrer du doigt. Ce médecin, donc, m'a demandé si j'étais seule à attendre cet enfant. Je n'avais aucune intention de lui dissimuler l'existence de ma chérie. Simplement il me paraissait qu'un père est un père, et qu'Astrid n'était pas un père. Ce qu'elle non plus ne prétendait pas être, contrairement à ce que laisse penser sa petite blague du matin de la naissance d'Augustine. Le formulaire ne prévoyait pas d'alternative... Moins borné que moi, le médecin a remplacé « père » par « compagne », et le tour était joué. Il en est resté une grosse rature sur le dossier, qui tout au long de ma grossesse m'a suivie non comme un reproche – quoique... –, mais comme un rappel que nous étions en train de construire une famille pas comme les autres, que nous aurions à défendre la tête haute en toute circonstance. Terminé, la discrétion qui confinait parfois au profil bas. Le règne de la rature et de l'affirmation de soi commençait !

C'est dans ces dispositions d'esprit que, deux ans plus tard, nous nous sommes rendues pour la première fois chez celle qui allait devenir notre obstétricienne chérie. Un peu sur la réserve néanmoins, car notre amie Samia, qui avait suivi la même formation d'haptonomiste, tout en la trouvant ultra-sympathique, s'interrogeait sur son attitude envers les couples de filles. Rétrospectivement, je me demande comment Samia a jamais pu avoir de doute... C'est la tolérance et la gentillesse incarnées cette femme, ça se voit tout de suite. Au premier rendez-vous, elle avait deux heures de retard. Nous étions venues avec notre Augustine de quinze mois, qui commençait à se lasser de faire admirer ses couettes super-mimi dans cet endroit bizarre où toutes les dames avaient un gros ventre. Devant tant de patience enfantine méprisée, la moutarde nous montait au nez. Aurait-elle manifesté la moindre froideur que nous l'étripions sur l'heure cette toubib. « Oh, qu'elle est jolie ! », s'est-elle exclamée à l'intention d'Augustine en venant enfin nous chercher dans la salle d'attente. Elle avait un visage si avenant qu'on a oublié nos projets de meurtre dans l'instant. Il ne nous a pas fallu longtemps pour comprendre que c'était justement à cause de sa gentillesse qu'elle était en retard. Au lieu de garder ses patientes quinze minutes, comme le prévoyait son secrétariat, elle discutait le coup pendant trois quarts d'heure… Comme ça, en plus, les enfants avaient le temps de s'amuser avec la montagne de jouets qu'abritait son cabinet… Non seulement notre situation familiale hors normes ne lui posait aucun problème, ni quant à l'obstétrique, ni quant à l'haptonomie, ni quant à la morale, mais encore elle semblait la satisfaire au plus haut point, et ce sans arrière-pensée, puisque cette dame ne fait probablement pas partie de notre petite confrérie. Depuis, elle a fait montre à notre égard d'un favoritisme réjouissant, auquel nous nous sommes laissées aller sans remords. Par exemple, elle nous a toujours donné des rendez-vous hors de ses heures de consultation pour que nous soyons sûres de ne pas poireauter, surtout que nous venons de si loin (cent cinquante kilomètres, il est vrai)…

Finalement, sans même considérer l'attitude de notre toubiba adorée, dans les deux maternités que nous avons fréquentées, la seule vraie différence de traitement entre une parturiente lambda et nous s'énonce plutôt en termes d'avantages. Ainsi, c'est sans difficulté que, toutes les deux, nous avons eu une chambre particulière après l'accouchement. Au même titre que les femmes qui ont subi une césarienne, nous faisons partie des publics prioritaires. Comme nous ne tenons pas à cracher dans la soupe, nous avons évité de trop nous interroger sur la signification de ce privilège. Pas montrables les goudoues enamourées autour de leur bébé ? Notre présence dans une chambre double aurait-elle choqué les belles-mères ? Nous on aimait autant gâtifier et câliner femme et enfant tranquilles dans notre coin. Alors ne voyons pas le mal partout...

L'HISTOIRE BÉGAIE

Il y a neuf mois (neuf mois, tiens), j'ai repris le chemin de Bruxelles avec un rien d'appréhension. Qui a bu boira... Arrête !, râlait ma femme, tu vois toujours tout en noir. Être enceinte pour la troisième fois (la fausse couche compte pour une), c'est bien plus facile, tout le monde sait ça ! Et puis il n'y a aucune pression, puisqu'on a déjà deux enfants. Si elle le dit...

Ça merde une première fois : je ne battrai pas le record d'Astrid. Deuxième fois : de nous deux, Astrid est décidément toujours la plus rapide. Trois : c'est pas la fin du monde quand même ! Sept : si ça ne marche pas cette fois, il va falloir retourner voir le gynéco pour envisager un traitement, m'annonce froidement l'inséminateur de service. À votre âge... Et voili ! Analyses, stimulation, échographie, re-analyses, re-échographie, une petite piquouse, et hop ! Huitième tentative : résultat des courses demain. La tension monte à El Pao. J'admire ceux qui savent rire d'absolument tout, parce que, personnellement, le douzième jour après l'IAD, j'ai les zygomatiques bloqués sur la position off. J 12, jour des grandes eaux. C'est fatigant, je vous jure, les désespoirs programmés. Si l'échec était inéluctable, ce serait moins épuisant. Sauf à être maso, ce que je ne suis pas, malgré les apparences, je mettrais fin au calvaire et je passerais à autre chose. C'est l'incertitude qui est dévastatrice. L'espoir. Ce foutu espoir. Si je m'arrête maintenant, c'est justement la prochaine fois que ça aurait marché… Principe d'incertitude et théorie de l'engagement. Ils gouvernent les casinos aussi. Notre roulette, la mienne devrais-je dire car Astrid, on l'a vu, joue à coup presque sûr, doit moins au hasard. Sans doute. Mais d'assurance d'emporter le jackpot, point. Pourquoi est-ce que ça finirait par marcher, hein ? Alors, malgré les encouragements que l'on nous prodigue de droite et de gauche – mais si, tu verras, sois patiente, détends-toi –, quand renonce-t-on ? Nous avions refusé de déterminer cette fatidique échéance la première fois, avant la conception d'Augustine, à cette époque lointaine où la vue d'une poussette nous mettait les larmes aux yeux.

Aujourd'hui, rien n'est plus pareil, puisque nos filles sont là, c'est bien vrai. Et certains pensent qu'on en fait bien des histoires pour un troisième enfant. Deux, c'est suffisant, non ? Trois, ce n'est pas un peu trop ? Trois, c'est un luxe que nous ne pourrions nous permettre, nous les goudoues fauchées ? Et quatre ? Les familles nombreuses sont-elles par contrat réservées aux hétéros catholiques ? Vous n'allez pas nous chier une pendule alors que vous avez déjà fait chacune un enfant ? Cela mérite réflexion, c'est exact. Pourquoi devrions-nous supporter plus longtemps notre menstruel désespoir, alors que nos deux petites fées sont là ? Je n'arrive pas à répondre à cette question. Les hormones en comprimés me donnent des boutons et me font mal aux ovaires. Les échographies et les analyses m'affligent. Je vais à Bruxelles toujours plus à reculons. Je pense aux nuits hachées par les tétées et aux coliques du nourrisson. Au salon arpenté à quatre heures du matin, aux pleurs qui reprennent lorsque cesse la déambulation. Et pourtant j'ai envie d'un autre bébé dans mon ventre puis dans mes bras. De gougougaga et de arheu

arheu. Alors j'y retourne. J'ai envie d'être enceinte une deuxième fois. Mais pas au prix de ma joie de vivre. Et puis à quoi bon s'acharner à trente-huit balais ? Je renoncerai au bout d'un an d'inséminations infructueuses. Astrid prendra le relais. Elle fait ça très bien. Et elle aussi veut vivre une deuxième grossesse. Ce qui veut dire quatre enfants si enfin je me trouve enceinte. Quatre, ça fait réfléchir, non ?

Impair, passe et manque

Je ne porterai pas notre troisième enfant. Après sept voyages à Bruxelles, où je suis allée avec des semelles de plomb de plus en plus lourdes à porter, après sept inséminations infructueuses et autant de mois d'angoisse à nous endetter pour payer le trajet suivant, après avoir vu mes règles resurgir avec une régularité désespérante, le verdict est tombé : stimulation ovarienne. Et en avant la musique ! Piquouse, échographie, ah ! une nouveauté : comprimés d'hormones pendant cinq jours. Mal aux ovaires, un peu, beaucoup. Mal aux seins. Repiquouse, reéchographie, encore une piqûre pour déclencher l'ovulation, et direction la Belgique. J'avais juré que je ne le ferais plus. Je l'ai fait. Une fois. Une fois pour rien. Mes chaussures plombées sont devenues impossibles à soulever. Les vacances sont arrivées par là-dessus, et j'ai décidé de m'accorder une pause.

Cela faisait déjà quelque temps que je m'étais souvenue que Roberta, ma psy au nom de personnage de roman, consultait aussi par téléphone pour de petits coups de pouce ponctuels. On s'est retrouvées comme si on s'était quittées la veille. D'entrée, elle m'a agacée en affirmant urbi et orbi que je n'étais peut-être pas obligée de faire un autre enfant, que j'avais peut-être le droit de profiter de mon bonheur, de ma femme, de mes deux filles et de ma grande maison à la campagne. *Carpe diem*, quoi. Exactement ce que je ne voulais pas entendre. J'étais comme ça déjà, quand j'étais gosse : je construisais des cabanes que je n'arrivais pas à habiter parce qu'une fois terminées elles ne m'intéressaient plus. Et maintenant je m'escrimais à faire un troisième enfant dont je n'avais pas vraiment envie, juste pour ne pas finir cette foutue cabane. Névrose bâtisseuse caractérisée. « Mais arrête-toi, profite un peu ! » Combien de fois l'ai-je entendue cette maternelle injonction adressée à mon père ou à ma sœur ? Je suppose que s'arrêter, c'est mourir un peu. Ou au contraire, vivre enfin, dans le présent et non plus dans un futur magnifié ? Peu importe au fond. Je rends les armes, je conviens que j'aspire au repos. Je suis fatiguée de centaines de nuits hachées menu, des couches qui fuient, des biberons à cinq heures du matin et des petits pots qui débordent dans le micro-ondes. Il m'a fallu des mois pour l'admettre, mais j'en conviens d'autant mieux que, dans notre cas, un troisième enfant s'entendait difficilement sans un quatrième. J'avais fait le premier, Astrid le deuxième, je ferais le troisième, Astrid le quatrième. Ensuite on aurait la médaille de la famille française, on serait membre d'honneur de l'Union des familles du même nom, on en remontrerait au pape et aux Irlandais en matière de natalité. Famille nombreuse, famille heureuse, tarata, tsoin, tsoin, on achète un monospace et on touche les allocs plein pot. Sauf que quatre enfants, tout compte fait, je n'ai pas la moelle, et qu'on n'a pas l'ombre du premier kopeck pour se payer un monospace, même d'occasion. Astrid me disait : « Fais le troisième, on verra bien après. » Ben voyons ! Le pire c'est que je l'aurais fait si la nature avait été plus tendre avec mes pauvres ovaires de presque quadragénaire... Et qu'aurait-on vu, après ? Que mon immense fatigue n'avait pas le droit de priver mon amoureuse d'une deuxième grossesse… J'en ai beaucoup voulu à la nature de son alliance objective avec Roberta. À moins que ce ne soit l'inverse. Heureusement, j'ai mon Astrid pour m'empêcher de finir ma cabane ! Ma chérie « Madame Plus ». Sans compter qu'avec tous les travaux bien réels qui restent à accomplir dans notre vraie maison, je ne suis pas près de mourir d'angoisse dans un transat en regardant le soleil se coucher après une longue journée passée à ne rien faire qu'à profiter… Il y a quelques jours, alors qu'Assia est propre depuis à peine un mois, je me suis même surprise à avoir envie d'un tout petit bébé dans mes bras. Je suis mûre pour le troisième. « Et pourquoi pas pour le quatrième, alors ? me susurre Madame Plus. » Dieu merci, j'atteins bientôt la date de péremption, sinon il aurait peut-être bien fallu l'acheter un jour ce monospace…

Non, ce sera le dernier round. Après je serai trop vieille. C'est bien ce qui a rendu ma décision si douloureuse : renoncer maintenant à une nouvelle grossesse, c'est renoncer à jamais. C'était si doux de porter un enfant. Plus jamais, vraiment ? Est-ce cela que je veux ? Mes deux filles me comblent. Notre troisième enfant me comblera. Je ne suis plus une femme en mal d'enfants. Je suis en mal de grossesse. On ne fait pas un enfant pour être enceinte, assurément, mais qu'il est dur de renoncer. Roberta dit que c'est un deuil à surmonter. Je sais qu'elle a raison. J'ai le sentiment d'avoir mille ans. Je lis les rubriques nécrologiques des journaux. On y meurt à trente-huit ans, aussi. J'ai un cancer du poumon. J'aurai un accident de voiture ou une attaque cérébrale.

Cela me passera.

Astrid ira à Bruxelles très bientôt. L'achèvement de la cabane s'annonce.

ÉPILOGUE

Les mêmes, un an plus tard. Mon récit va être publié. Assia aura trois ans dans quelques jours. Elle refuse de plus en plus souvent de faire le bébé quand elle joue à papa et maman avec sa sœur. Car nos filles, eh oui, jouent aussi volontiers à papa et maman qu'à maman et maman. Je ne sais ce qu'il faut en conclure. Si ce n'est qu'elles ont les mêmes jeux que toutes les frangines de leur âge et qu'elles ont bien compris que leur famille diffère des autres. Parfois, surtout si elles n'arrivent pas à s'entendre sur les rôles, elles font les deux mamans. C'est bien commode ! Quand fuse alors l'apostrophe « maman ! », venue d'une poupée à qui l'une ou l'autre de nos mouflettes prête sa voix, nous sommes parfois quatre à répondre : « Oui ? » « Non, pas vous ! », s'écrient aussitôt les deux mamans pour de faux.

Lorsqu'elles nous interpellent, nos poupettes savent très bien faire comprendre à laquelle de leurs mères elles s'adressent. Soit qu'elles utilisent un ton particulier qui, selon le contexte, fera réagir l'une ou l'autre. Soit que, le plus souvent, elles précisent « maman Myriam » ou « maman Astrid ». Bismam, il fallait s'y attendre, est passé à la trappe, mais tout le monde s'y retrouve sans problème. Nos filles savent très bien de quel ventre maternel elles sortent, sans pour autant que cela ne fasse la moindre différence dans leur amour à notre égard. Augustine, à quatre ans et demi, commence à s'amuser de certaines ressemblances « génétiques ». Par exemple, à l'occasion d'un trajet en voiture, de voir Assia et Astrid si promptes à s'endormir pendant que toutes deux nous veillons, elle parlant, moi conduisant. Bref, tout baigne dans notre petite famille.

Tout baigne d'autant plus qu'en un an, il en a coulé de l'eau sous les ponts de l'actualité gaie et lesbienne, nous laissant espérer une prochaine forme de reconnaissance sociale, sinon de légitimité. Il y a eu d'abord le mariage de Bègles, qui a soulevé dans le sillage de ses houleux débats l'inévitable question de la famille homoparentale, que le pacs avait piteusement tenté de laisser sur le bord de la route. Un jour il faudra bien qu'on nous explique pourquoi nous, homos, sommes moins égaux que les autres...

Je ne suis pas très sûre que je souhaite me marier, ni ma chérie non plus – sans parler des dissensions à prévoir sur nos tenues, leur couleur, la liste des invités et la composition des petits-fours. Hétéros, nous n'aurions probablement jamais convolé. Goudoues, devrions-nous le désirer seulement parce qu'on nous l'interdit ? Notre sens aigu de la justice (et de la contradiction...) s'en accommoderait assez. Il semble évident, en outre, que notre mariage protégerait nos enfants, comment en irait-il autrement ? Cet argument-là balaye toutes nos convictions libertaires. C'est donc oui, oui et trois fois oui que nous répondrions à notre bien-aimé maire. Qu'il s'y prépare, un jour ce sera possible.

Pour nous faire patienter, la jurisprudence nous a offert un joli cadeau, puisque, en septembre 2004, Carla et Marie-Laure ont obtenu devant un tribunal l'autorité parentale conjointe sur leurs trois filles. Le couple dont je vous ai parlé dans le chapitre « Nom de nom ! », c'est elles. Compte tenu de la couverture médiatique dont elles ont fait l'objet, leurs noms ne doivent pas vous être inconnus. Résumé de l'épisode précédent : en 2001, Carla avait pu adopter les enfants portés par sa compagne, laquelle avait du coup perdu son autorité parentale. Qu'elle vient de retrouver, à parité avec sa femme ! Vous suivez ? Pour ceux que ce jeu de chaises musicales déroute, cela signifie concrètement que la justice, pour la première fois, a pris acte du fait que des enfants pouvaient avoir deux mères. Autrement dit, et pour enfoncer le clou : la famille homoparentale a enfin une existence légale. C'est pas beau ça ? L'exemple de Carla et Marie-Laure va faire des émules, n'en doutons pas. Pour notre part, nous attendons que notre famille soit au complet, ce qui ne saurait tarder, d'une manière ou d'une autre, à deux ou trois enfants.

Astrid est retournée hier à Bruxelles pour la douzième fois. Nous avons décidé que ce serait la dernière. Après deux ans de tentatives infructueuses (dont huit pour ma pomme), entre les stimulations ovariennes et les échographies, les analyses, les TGV qui tous se ressemblent et nos espoirs même plus déçus, car nous n'y croyons plus, pourquoi nous acharner ? Nous n'aurons sans doute jamais de troisième enfant. Est-ce un drame ? Certes non. La vie est douce. Nos deux poupettes nous ravissent. Elles ont grandi, le quotidien est plus facile. Elles font de l'humour et du vélo. Augustine écrit son nom et celui de sa sœur. Assia parle comme un livre. Nous les emmenons au théâtre et au cinéma, nous partirons loin en voyage, bientôt.

Nous n'avons pas besoin d'un troisième enfant, nous en avions envie. Ses sœurs lui auraient fait une place au chaud entre elles. Nous aurions replongé avec joie dans les tétées, les siestes et les couches. Au lieu de quoi nous allons ranger le berceau, donner les vêtements premier âge. Ça pince un peu du côté du palpitant. Encore un petit deuil à surmonter. Bon, voilà. Nous sommes prêtes pour la suite de l'histoire : le plaisir d'avoir des « grandes », de retrouver une existence moins contemplative. D'ailleurs, comme nous l'a fait remarquer Augustine, comment pourrait-on aller au « pestacle » le mercredi après-midi si on avait un bébé ?

Finalement, donc, elles n'eurent pas tant d'enfants que ça... Mais elles furent quand même très heureuses.

Annexe

L'APGL

Encore un affreux sigle. Notre vie de mères goudoues en est pleine. L'APGL, donc, est l'Association des parents et futurs parents gays et lesbiens. Entre parenthèses, il m'a toujours amusé que ce dernier adjectif ait un masculin. Un parent lesbien, n'est-ce pas le parangon du non-sens ? Les parents et futurs parents gays et lesbiennes, cela vous aurait une autre gueule, ce me semble. Passons, c'est un point de détail au regard du colossal travail qui se fait à l'APGL, en particulier en matière de sensibilisation et d'information sur nos familles, de lobbying, osons le mot, au sens noble du terme, en direction des médias et des politiques. En interne, ça part aussi dans tous les sens : activités et rencontres pour les enfants et les grands, renseignements pratiques et juridiques, contacts avec des chercheurs, participation à des colloques, groupes de parole et conférences... J'en passe et des meilleures. Si l'homoparentalité se montre – et se voit ! – aujourd'hui, c'est bien grâce à l'APGL. L'association compte environ 1 500 adhérents, dont une centaine d'actifs, ce qui n'est pas si mal. On est encore loin des associations familiales classiques (entendez réacs), mais pour ce qui est du dynamisme, la valeur n'attend pas le nombre d'adhérents.

L'APGL, surtout, permet à nos enfants pas tout à fait comme les autres de se rencontrer. Ce n'est pas la moindre de ses qualités. C'est même celle qui nous a finalement poussées à adhérer, après la naissance d'Augustine, malgré un premier contact pas terrible terrible (voir « La procédure »). Vraiment, on ne le regrette pas. Il faut les voir ces marmousets lorsqu'ils constatent par eux-mêmes, pour de vrai, qu'ils ne sont pas seuls de leur espèce, que Jonathan aussi il a deux mamans, et Camille et Marine... Et qu'Alfred a deux papas. Et Noémie, deux mamans et deux papas. Il y a des grands et des petits. Surtout des petits, car le « gayby-boum » n'est pas seulement dans les médias, lui aussi il est pour de vrai. Eh oui, les homos croissent et multiplient. Bon gré mal gré, chers hétéros, il va falloir faire une place à nos enfants.

Nous espérons que nos fillettes vont nouer quelques solides amitiés à l'APGL. Pas par réflexe identitaire, non, mais parce que d'ici à quelques années, et plus encore au moment du grand bond dans l'adolescence, ça les aidera sans doute de dégoiser avec des amis sur le dos de leurs mères. Elles seront bien contentes d'ailleurs, lesdites mères, de pouvoir discuter le coup avec d'autres couples de goudoues. Nous aussi, parfois, on se sent un peu seules au monde... Bref, on a encore de belles années de cotisations à l'APGL devant nous !

L'association fait aussi un gros travail de documentation. Vous trouverez notamment sur son site Internet des bibliographies très complètes, pour les enfants (pas mal de nouveautés ces derniers temps) et les parents.

CONTACT : Association des parents gays et lesbiens, c/o CGL, BP 255, 3, rue Keller, 75524 Paris cedex 11, tél. (0)1 47 97 69 15, e-mail contact@apgl.asso.fr, site Web www.apgl.asso.fr.

Il existe des antennes dans toutes les régions. Si vous n'êtes ni gay ni lesbienne, rien ne vous interdit de prendre une adhésion de soutien (10 euros), ni de faire un don (d'argent, j'entends...).

Remerciements...

... à Karine, pour son enthousiasme contagieux.

... à mes autres amis, pour leur lecture critique, avec une mention particulière à François & Dominique.

... à Pascal, pour son idée lumineuse.

... à Fabienne Pavia, mon éditrice, qui a fait de ce récit un livre.

Imprimé sur les presses de l'imprimerie Soler, Barcelone.
Dépôt légal : mars 2005.